# DE L'INDUSTRIE

DES

# VÊTEMENTS CONFECTIONNÉS

## EN FRANCE.

# RÉPONSE

AUX

## QUESTIONS DE LA COMMISSION PERMANENTE DES VALEURS

RELATIVEMENT A CETTE INDUSTRIE,

**Par LÉMANN,**

NÉGOCIANT-CONFECTIONNEUR, 21, RUE CROIX-DES-PETITS-CHAMPS, À PARIS,
HONORÉ DE LA GRANDE MÉDAILLE D'ARGENT A L'EXPOSITION UNIVERSELLE DE L'INDUSTRIE
EN 1855

PARIS,
IMPRIMERIE ET LIBRAIRIE ADMINISTRATIVES
DE PAUL DUPONT,
Rue de Grenelle-Saint-Honoré, 45, hôtel des Fermes.

1857

# DE L'INDUSTRIE

DES

# VÊTEMENTS CONFECTIONNÉS

# EN FRANCE.

---

Paris, le 15 avril 1857.

Monsieur le Ministre,

Par sa lettre du 2 janvier dernier, Monsieur le Président de la *Commission permanente pour la révision des valeurs de douanes* m'a fait l'honneur de m'adresser une liste de questions touchant les articles de confection, avec invitation d'y répondre, en indiquant les causes qui, dans mon opinion, ont pu produire la hausse ou la baisse de ces articles.

Voici la teneur de ces questions :

**MINISTÈRE DE L'AGRICULTURE, DU COMMERCE ET DES TRAVAUX PUBLICS.**

---

Direction générale de l'agriculture et du commerce. — Division du commerce extérieur. — Bureau du mouvement général du commerce et de la navigation.

**Commission permanente pour la révision des valeurs de Douanes.**

---

SESSION DE 1857. — QUATRIÈME SECTION.

« Quelle est la valeur moyenne, pour 1856, du kilogramme « des habillements confectionnés neufs, et du kilogramme des « habillements confectionnés vieux :

« 1° Qui ont été importés en France ;

« 2° Qui ont été exportés de France?

« Indiquer approximativement les genres d'habillements confectionnés neufs de fabrication étrangère qui sont importés en France, la valeur moyenne du kilogramme de chaque catégorie, et la proportion de chaque catégorie dans l'ensemble de l'importation.

« Indiquer également approximativement les genres d'habillement confectionnés neufs de fabrication française, de drap, d'étoffe de laine, fil, coton, etc., qui sont exportés de France; — la valeur moyenne du kilogramme de chaque catégorie, et la proportion de chaque catégorie dans l'ensemble de l'exportation.

« Faire le même travail pour les habillements confectionnés vieux, importés et exportés. »

Flatté du choix qu'a daigné faire de moi la Commission permanente des valeurs, je me suis mis immédiatement à l'œuvre, afin de remplir, aussi consciencieusement que possible, ma mission.

Si le travail que je viens soumettre à Votre Excellence est imparfait sous plus d'un rapport, il faudra en rechercher la cause dans les difficultés qu'offrait une sorte d'enquête sans précédents sur une industrie pour ainsi dire nouvelle.

Mon travail se divisera en deux parties.

Dans la première, je répondrai sommairement aux questions qui me sont posées, sans développements ni commentaires.

Dans la seconde partie je prendrai la liberté d'exposer à Votre Excellence, avec tous les détails qu'elle comporte, la situation actuelle de la confection, ses moyens d'action, son organisation, ses relations de jour en jour plus étendues avec l'étranger, ses facultés d'écoulement avantageuses au double point de vue de la fabrication et de la main-d'œuvre.

Votre Excellence, j'ose l'espérer, me saura gré de m'étendre sur l'industrie de la confection. Tout ce que je dirai, puisé aux sources les plus sûres, pourra être de quelque utilité, soit aux Commissions des valeurs, soit aux Commissions d'enquête ressortissant à l'industrie en général.

## PREMIÈRE PARTIE.

# RÉPONSES SOMMAIRES

AUX

## QUESTIONS RELATIVES A LA CONFECTION,

POSÉES

### PAR LA COMMISSION PERMANENTE DES VALEURS DE DOUANES.

#### PREMIÈRE QUESTION.

*Quelle est la valeur moyenne, pour 1856, du kilogramme des habillements confectionnés neufs, — et du kilogramme des habillements confectionnés vieux :*

*1° Qui ont été importés en France ;*
*2° Qui ont été exportés de France?*

Intervertissant l'ordre des idées, je pose en principe qu'il n'y a absolument pour la France ni importation ni exportation d'habillements confectionnés vieux.

Autrefois, peut-être, y a-t-il eu quelques essais d'exportation, en pacotille, de vieux vêtements remis à neuf. Dans tous les cas, ces essais ont dû avoir peu de succès, puisqu'aujourd'hui on ne trouve nulle trace de ces sortes d'expéditions.

J'ai fait, pour me renseigner sur ce sujet, les démarches les plus actives ; j'ai interrogé tous les commerçants compétents, et il reste avéré qu'il n'y a d'autre exportation d'habillements que certains uniformes militaires expédiés parfois à Haïti ou autres lieux, dans les cas de guerre. Ces expéditions n'étant que des exceptions, l'assertion négative doit être maintenue absolument.

Je ne dois pas non plus faire mention des uniformes militaires expédiés pour nos troupes dans les colonies. L'importance de ces envois est médiocre et forme d'ailleurs un article de transaction qui n'appartient plus au commerce, la vente ayant été faite au Gouvernement français.

Le tableau général du commerce de la France pour 1855 indique bien (page 208) une exportation de 701,704 kilogrammes d'habillements vieux pour une valeur de 7,017,040 fr. Il est indubitable pour moi qu'il n'y a dans ces chiffres rien ou presque rien qui concerne les habillements d'hommes.

En répondant à la seconde question de la Commission, j'aurai répondu au premier paragraphe de celle-ci, c'est-à-dire, quelle est la valeur des habillements neufs importés en France.

Cette valeur est à peu près nulle, attendu qu'il n'entre et ne peut entrer en France aucune quantité appréciable de marchandises confectionnées. Je vais développer ma pensée.

## DEUXIÈME QUESTION.

*Indiquer approximativement les genres d'habillements confectionnés neufs de fabrication étrangère qui sont importés en France; — la valeur moyenne du kilogramme de chaque catégorie; — et la proportion de chaque catégorie dans l'ensemble de l'importation.*

Les importations en France de vêtements confectionnés sont à peu près nulles, en raison de l'élévation du droit d'entrée qui frappe ces articles.

On n'introduit guère que des paletots dits *vareuses*, et des pardessus en caoutchouc, dont les lieux de provenance sont l'Angleterre et la Belgique.

Les *vareuses*, exclusivement destinées à l'usage des marins, ne dépassent pas la zone maritime. Ce sont des vêtements grossiers, d'un extrême bon marché, que nous fournissent l'Angleterre, mais surtout les Pays-Bas.

L'importation de ces articles ne peut qu'être évaluée arbitrairement.

Les pardessus en caoutchouc, qui ont été longtemps l'objet de transactions avec l'Angleterre, ne donnent plus qu'un chiffre insignifiant ; l'industrie du caoutchouc s'est assez perfectionnée en France, à l'abri de la protection, pour que nous n'ayons plus rien à demander à nos voisins.

Je ne crois pas, dans l'état actuel des choses, devoir donner un chiffre d'importation et une valeur au kilogramme de ces articles.

Les recherches que je ferais à cet égard seraient sans utilité, car s'il entre encore en France des vêtements en caoutchouc, ces transactions devront bientôt cesser.

Je dois ajouter ici que le caoutchouc, qui, un instant, a eu un certain succès comme vêtement imperméable, semble avoir perdu de sa vogue. Les obstacles qu'il présente à la transpiration, son odeur pénétrante, quelques autres inconvénients incontestables, sont la cause du discrédit dans lequel est tombé cet article. Les draps pilotes, fortement tissés, beaucoup plus maniables et beaucoup plus légers, le remplacent avec avantage dans tous les cas où l'on recherche pour le vêtement un certain degré d'imperméabilité.

A côté de ces articles, dont un, le caoutchouc, forme aujourd'hui une industrie spéciale, viennent se placer les vêtements apportés de l'étranger par les voyageurs, soit pour leur propre consommation, soit comme échantillons. L'ensemble de ces importations, que le mode de classification de la Douane ne permet pas de reconnaître, doit être fort peu digne d'attention.

Comme d'ailleurs les vêtements ainsi introduits en France ne sont pas l'objet d'un commerce, il n'y a pas lieu de les prendre en considération.

Le tableau général du commerce de la France en 1855, que je consulte de nouveau (page 162), ne donne comme importation de vêtements neufs que les chiffres ci-après :

| | |
|---|---|
| Belgique.......................... | 1 kilog. |
| Suisse.......................... | 3,002 |
| Algérie.......................... | 509 kilog. |
| | 3,512 |

| | |
|---|---|
| Ayant une valeur déclarée de............. | 87,800 fr. |
| Pour laquelle il a été payé pour droits...... | 1,061 fr. |

## TROISIÈME QUESTION.

*Indiquer approximativement les genres d'habillements confectionnés neufs, de fabrication française, de drap, d'étoffes de laine, fil, coton, etc., qui sont exportés de France; — la valeur moyenne du kilogramme de chaque catégorie; — et la proportion de chaque catégorie dans l'ensemble de l'exportation.*

L'exportation française de vêtements confectionnés comprend tous les genres d'habillements, en usage dans notre pays, sous les dénominations suivantes :

Redingotes...... (en drap).
Habits .......... (en drap).
Paletots ........ d'hiver (en drap, castor, édredon, etc.)
d'été (en drap et en casimir).
(en laine non foulée et en alpaga.)
(en coutil.)

Talmas . . . . . . . . . (en drap).
Pelisses. . . . . . . . .
Pardessus. . . . . . . |
Cabans . . . . . . . . . . } (en étoffes diverses.)
Manteaux . . . . . . . . |
Crispins . . . . . . . . .

Vestes. . . . . . . . . . }
Vareuses. . . . . . . . } (*id.*)

Pantalons . . . . . . . . { d'hiver (en laine). d'été (*id.*) (en laine non foulée et en coutil.)

Gilets. . . . . . . . . . (en étoffes diverses).
Robes de chambre. (*id.*)
Amazones. . . . . . . . (*id.*)
Costumes d'enfants. (*id.*)

Sous le titre de ***confections***, l'Administration des Douanes classe un grand nombre d'autres articles en toile, en coton, etc., et entre autres les sarraux, blouses, bourgerons et salopettes, articles coupés et cousus à Lille et dans les environs, et qui ne sont point du ressort du tailleur.

La nomenclature qui précède et qui peut varier dans ses dénominations comprend tous les vêtements confectionnés, montés par les ouvriers tailleurs.

La valeur moyenne du kilogramme de chaque catégorie est représentée comme suit :

| | | |
|---|---|---|
| Habits (drap). . . . . . . . . . . . . . . . . . . . . | 66 fr. | le kilog. |
| Redingotes (drap). . . . . . . . . . . . . . . . . | 52 | — |
| Paletots d'hiver et d'été (drap) . . . . . . . . . | 29 | — |
| — (laine non foulée et coutil). . . . . | 20 | — |
| Talmas (drap). . . . . . . . . . . . . . . . . . . . . | 50 | — |

| | | |
|---|---|---|
| Pelisses ........ / Pardessus divers .. } ................ | 35 fr. | le kilog. |
| Robes de chambre.................... | 18 | — |
| Amazones (drap).................... | 81 | — |
| Pantalons (drap).................... | 33 | — |
| — (laine non foulée et coutil)..... | 15 | — |
| Gilets (étoffes diverses)............... | 32 | — |
| Manteaux (drap)... / Crispins (*id.*)... } ................ | 18 | — |
| Cabans unis et chamarrés............ | 14 | — |
| Vestes.......... / Vareuses........ } ................ | 14 | — |
| Costumes d'enfants................. | 32 | — |

La moyenne de tous les articles réunis est au kilogramme de 26 francs.

Dans le poids que représente le chiffre de 26 francs se trouvent compris les boutons, galons, doublures, etc., qui forment la partie dite des fournitures. Cette catégorie d'articles doit compter pour près d'un tiers dans le poids total de l'exportation.

La Commission n'ayant absolument rien demandé sur ce sujet, je remets à parler des *fournitures* dans la seconde partie de mon travail.

L'ornementation de la confection française est pour beaucoup dans les succès qu'obtiennent nos vêtements à l'étranger : j'aurai donc à dire un mot d'industries importantes, la *boutonnerie* et la *passementerie*, et même la fabrication des soieries.

Dans mon opinion il est important que la Commission sache bien quel degré d'impulsion l'exportation a donné à ces industries, et quelle somme de travail elle réserve dans l'avenir à notre pays.

La Commission demande en outre quelle est la proportion de chaque catégorie de vêtements dans l'ensemble de l'exportation.

J'ai lieu de supposer qu'après avoir voulu connaître le prix du kilogramme, la Commission désire avoir la valeur totale de l'exportation par catégorie, et non le poids total de chaque catégorie.

La Commission trouvera dans la seconde partie de mon travail, tous les renseignements dont elle pourrait avoir besoin, soit sur le poids, soit sur la valeur.

Pour compléter cependant la question qui m'a été posée, je donne ci-après les valeurs par catégorie.

| | |
|---|---|
| Habit (drap) | 54,500 fr. |
| Redingotes (*id.*) | 303,500 |
| Paletots d'hiver et d'été | 2.055,000 |
| — laine non foulée et coutil | 962,000 |
| Talmas (drap) | 10,500 |
| Pelisses / Pardessus divers | 462,500 |
| Robes de chambre | 40,500 |
| Amazones (drap) | 12,500 |
| Pantalons en drap nouveauté et satin noir | 975,000 |
| — laine non foulée et coutil | 324,000 |
| Gilets d'étoffes diverses | 301.000 |
| Manteaux / Crispins | 14,000 |
| Cabans unis et chamarrés | 107,500 |
| Vestes / Vareuses | 213.000 |
| Costumes d'enfants | 164.000 |
| | 5,999,500 |
| Pour somme ronde | 500 |
| Total | 6,000,000 fr. |

Le chiffre de 6 millions de francs pour l'exportation de vêtements confectionnés en 1850, pourrait, dans mon opinion, être ramené à 3 millions de francs seulement pour 1855.

Le tableau général du commerce de la France en 1855 donne pour l'exportation de vêtements neufs : 902,243 kilogrammes, ayant une valeur de 25,262,804 francs.

Il est évident que ce chiffre comprend la sortie d'un grand nombre d'articles qui ne sont pas la spécialité du tailleur, et qu'ainsi les documents de la Douane ne peuvent sous aucun rapport être rapprochés des indications que je donnerai.

### QUATRIÈME QUESTION.

*Indiquer approximativement les genres d'habillements confectionnés vieux de fabrication française, de drap, d'étoffe de laine, fil, coton, etc., qui sont importés en France ou en sont exportés.*

Je me réfère pour cette dernière question à ce que j'ai dit dès le début.

Je regrette de n'avoir pu prendre l'intéressante publication de la Douane comme contrôle de mon travail, ne fût-ce que pour les termes généraux, et je prends la liberté d'exprimer l'espoir que l'industrie du vêtement confectionné, arrivée aujourd'hui à un chiffre important dans nos relations avec l'étranger, aura bientôt un article spécial pour constater sa marche.

En résumé, Monsieur le Ministre, des quatre questions posées par la Commission permanente des valeurs, la troisième seule comportait une réponse, qui, contenue dans les limites tracées ne peut éclairer suffisamment la matière.

Je vais donc, en passant à la seconde partie de mon travail, entrer dans de plus amples détails, et présenter la confection dans son état actuel, c'est-à-dire la placer au rang que mérite son importance.

## DEUXIÈME PARTIE.

## DE L'INDUSTRIE DES VÊTEMENTS CONFECTIONNÉS EN FRANCE.

Son origine. — Ses progrès. — Ses relations actuelles à l'intérieur et à l'extérieur. — Son action sur diverses industries. — Son influence comme source de travail et comme élément de civilisation. — Son avenir. — Question des salaires.

### Origine de la Confection.

Il est probable que les grands tailleurs de Paris ou de la province, entassant chez eux les vêtements qui leur étaient laissés pour compte et les revendant à perte à des marchands spéciaux, ont donné naissance à la confection. Quoi qu'il en soit, on ne peut guère faire remonter son origine au delà de 1825.

Le siége de cette industrie était alors au marché Saint-Jacques, au Temple et dans les environs; les confectionneurs alimentaient la vente des fripiers.

Un peu plus tard les colporteurs s'emparent de l'article et vont essayer le placement dans les provinces. Ces opérations *extra-muros* ne comprennent encore que le pantalon et le gilet.

Encouragés par leurs succès, les colporteurs s'établissent temporairement dans les provinces, y font des déballages de toute espèce de vêtements, et dès ce moment la confection est devenue une industrie. L'exemple des colporteurs n'est pas perdu pour la province; les marchands de draps et d'étoffes s'emparent à leur tour de la confection, qui facilite l'écoulement de leurs produits.

La clientèle de la confection est alors peu nombreuse; elle ne compte guère que les gens d'une certaine aisance éloignés des grands centres de population, et les voyageurs dont les moments sont comptés.

A cette époque, en effet, les marchands de draps inscrivent sur leurs vitrages : *Habillements confectionnés et confection d'habillements dans les vingt-quatre heures.*

La confection travaille absolument dans les mêmes conditions que le tailleur; elle emploie les mêmes matières premières; elle se sert des mêmes ouvriers, et elle fait payer aussi cher que le tailleur, bien qu'elle vende absolument au comptant.

La réorganisation des gardes nationales en 1830, l'élan patriotique du moment, qui fait prendre partout l'uniforme, même dans les écoles, ont dû, je le crois, contribuer à donner un nouvel essor à l'industrie du vêtement confectionné.

Les maisons de province viennent enlever à Paris ses meilleurs coupeurs, et la confection, qui tout à l'heure n'était qu'une annexe du commerce de la draperie en détail, va demander à la fabrique de nouveaux efforts et de nouveaux tissus.

## Progrès de la Confection

La création des grandes lignes ferrées est le point de départ de l'extension rapide qu'a prise la confection. La facilité des relations avec la province, la rapidité du transport des marchandises et des voyageurs, s'accroissant d'année en année, on voit successivement s'agrandir les ateliers et les magasins de cette industrie; il arrive un moment même où l'extrême bon marché de ses produits semble menacer la profession du tailleur en lui enlevant la majeure partie de sa clientèle. Ce mouvement est surtout sensible vers 1842. A cette époque, des négociants pensèrent que la confection pourrait satisfaire les goûts de la classe aisée. Ils fondèrent quelques établissements, montés sur une grande échelle. Ces maisons achetèrent les étoffes de premier choix et donnèrent à leurs produits tout le soin, tout le fini que l'on pouvait attendre du tailleur.

A ce moment, la confection obtint la faveur générale et vit affluer chez elle presque tous les consommateurs. Chaque année vit s'ouvrir de nouveaux magasins, et, en 1846, la confection était à son plus haut point de prospérité. Achetant dans de bonnes conditions, elle pouvait fabriquer à plus bas prix que le tailleur et livrer plus promptement, deux raisons pour lui faire donner la préférence. Si elle eût opéré longtemps ainsi, c'en était fait de la profession du tailleur.

Mais à côté des grandes maisons qui avaient créé la confection vinrent s'en établir un grand nombre d'autres, moins consciencieuses ou moins habiles, qui lancèrent dans la consommation des vêtements établis avec des étoffes de deuxième et de troisième choix, et dont les formes laissaient beaucoup à désirer, parce qu'on avait réduit la main-d'œuvre.

Ces articles, cousus avec rapidité, étaient moins solides que ceux que fournit le tailleur; les tissus choisis en vue d'un prompt écoulement étaient presque tous de mauvaise qualité; enfin, les bénéfices basés sur de larges opérations ne comportaient qu'un seul mode de transaction, l'échange de la marchandise contre de l'argent.

Dans ces conditions, la confection ne pouvait plus convenir aux personnes riches ou à celles qui veulent être vêtues avec l'élégance la plus parfaite, et un mouvement contraire à celui dont je viens de parler se signale bientôt.

Le tailleur voit peu à peu revenir à lui sa clientèle, mais avec des habitudes nouvelles et réciproquement avantageuses. Le tailleur, un moment abandonné, a modéré ses prix; le consommateur, qui a payé comptant à la confection, fait moins attendre le règlement de son compte.

Aujourd'hui, la confection et le tailleur fonctionnent l'un à côté de l'autre sans se nuire, et je dirai plus, ils se rendent alternativement un service, celui de fournir constamment du travail à leurs ouvriers. En effet, quand viennent les chômages des tailleurs, la confection offre aux bras inoccupés la fabrication de vêtements qui ne peuvent supporter qu'une main-d'œuvre à prix modéré.

A part les quelques grandes maisons qui ont fondé la confection à Paris, et qui ont su conserver leur clientèle, cette industrie n'a guère pour but que de fournir aux classes ouvrières des vêtements de toute espèce à des prix extrêmement réduits.

Les chemins de fer, comme je l'ai dit plus haut, semblent avoir beaucoup contribué à étendre en France le champ de ses relations; les bâtiments à vapeur à leur tour sont venus dans ces dernières années ouvrir de nouveaux horizons à notre industrie. Nos transactions avec l'étranger ont peut-être pris un essor plus rapide encore qu'à l'intérieur. On peut le dire aujourd'hui, nos modes atteignent tous les points du globe, et, comme je le montrerai dans le cours de ce travail, nos vêtements confectionnés parviennent jusqu'à des régions où beaucoup de gens croiraient trouver encore des anthropophages.

Si les maisons qui s'ouvriront pour prendre leur part du grand mouvement d'affaires que promet la confection pour l'exportation, comprennent bien leurs intérêts; si elles sont bien pénétrées de cette vérité, que, pour accroître notre importance sur les marchés étrangers, il est indispensable d'apporter le plus grand soin aux expéditions et la plus grande probité dans les relations, je ne doute pas que notre industrie ne soit appelée un jour à prendre des proportions gigantesques et à donner une nouvelle impulsion au travail national comme à la fabrication.

La confection générale fabriquée à Paris compte 220 maisons, savoir :

| | |
|---|---|
| Maisons qui vendent en gros pour l'intérieur et pour l'étranger | 25 |
| Maisons qui vendent en gros pour l'intérieur seulement | 25 |
| Maisons qui vendent en détail seulement (1) | 220 |
| TOTAL | 270 |

L'ensemble des opérations de ces maisons s'est élevé, pour 1856, à 38,000,000 de francs répartis ainsi :

| | |
|---|---|
| Maisons de 1er ordre | 16,300,000 f. |
| — de 2e ordre | 11,500,000 |
| — de 3e ordre | 10,200,000 |
| TOTAL ÉGAL | 38,000,000 f. |

Les matières premières employées par la confection générale sont représentées par les valeurs ci-après :

| | |
|---|---|
| Laine foulée | 9,082,000 f. |
| Soie pour doublure | 1,271,000 |
| Soie pour gilets | 962,000 |
| Laine non foulée pour vêtements et doublures | 3,581,000 |
| Tissus de fil | 2,450,000 |
| Tissus de laine et coton | 1,220,000 |
| Tissus de coton | 2,608,000 |
| Passementerie, bordure et boutons | 781,000 |
| | 21,955,000 |
| Main-d'œuvre | 7,600,000 |
| Bénéfice brut | 8,445,000 |
| TOTAL ÉGAL | 38,000,000 f. |

(1) Dans ces deux cent vingt maisons de [illegible] en détail, ne sont pas compris les marchands du Temple et certaines p[illegible] maisons qui vendent du vieux et du neuf.

L'annexe *A* présente la répartition des valeurs des matières premières, de la main-d'œuvre et du bénéfice entre les trois genres de transactions :

Vente en détail;
Vente en gros pour l'intérieur;
Vente pour l'exportation.

Je vais successivement passer en revue ces trois faces de l'industrie du vêtement, et entrer dans les détails les plus précis, tant sur les matières premières employées que sur les produits.

### Relations actuelles de la Confection en France.

La confection pour le détail est donc représentée par 220 maisons, y compris les magasins de nouveautés. Quelques-unes de ces maisons ont des comptoirs en province, qu'elles approvisionnent exclusivement. Le nombre des maisons établies en province, qui fabriquent elles-mêmes ou font leurs achats dans la capitale, m'est inconnu; il doit être considérable, car presque tous les grands centres de population et les villes de second et de troisième ordres en sont pourvus; les bourgs et les villages sont visités par les colporteurs, qui jadis introduisirent la confection dans les grandes villes.

La confection a ainsi des représentants sur tous les points du sol.

Je regrette de ne pouvoir donner, même approximativement, le chiffre de l'ensemble des transactions pour toute la France; une enquête seule pourrait produire des résultats satisfaisants.

Le chiffre de la vente en détail de la confection fabriquée à Paris s'élève à 27,000,000 de francs. Réparti sur les 220 maisons citées plus haut, voici comment il groupe l'importance des affaires :

| | | |
|---|---|---|
| Maisons de 1er ordre : 20 font ensemble.. | | 14,000,000 f. |
| — de 2e ordre : 60 | — | 6,000,000 |
| — de 3e ordre : 140 | — | 7,000,000 |
| | Total égal...... | 27,000,000 f. |

Les produits employés par ces 220 maisons doivent, pour plus de clarté, être divisés en trois catégories.

Chaque catégorie a pour type le prix de la laine foulée; elle comprend les autres tissus et la passementerie d'un prix analogue. La main-d'œuvre elle-même se ressent du plus ou moins de valeur du tissu type.

La laine foulée donne aux trois catégories les chiffres représentatifs suivants :

| | | | |
|---|---|---|---|
| 1re catégorie. | Laine foulée........ | à 16 fr. | le mètre. |
| 2e — | — | 11 | — |
| 3e — | — | 7 | — |

Les valeurs respectives des produits employés pour la 1re catégorie sont :

| | |
|---|---|
| Laine foulée (ou à 16 fr. le mètre)........ | 2,240,000 f. |
| Soie pour doublure.................... | 400,000 |
| Soie pour gilets..................... | 240,000 |
| Passementerie, bordure et boutons........ | 240,000 |
| Laine non foulée pour vêtements et doublure. | 640,000 |
| Tissu de fil......................... | 320,000 |
| Tissu de coton....................... | 320,000 |
| | 4,400,000 |
| Main-d'œuvre................ | 1,600,000 |
| Bénéfice brut, 25 p. 0/0....... | 2,000,000 |
| Total........... | 8,000,000 f. |

Pour la 2e catégorie :

| | |
|---|---|
| Laine foulée (ou à 11 fr. le mètre)........ | 3,000,000 f. |
| Soie pour doublure.................... | 480,000 |
| Soie pour gilets..................... | 480,000 |
| Passementerie, bordure et boutons....... | 240,000 |
| Laine non foulée pour vêtement et doublure. | 1,200,000 |
| Tissu de fil......................... | 600,000 |
| Tissu de coton...................... | 600,000 |
| | 6,600,000 |
| Main-d'œuvre............... | 2,400,000 |
| Bénéfice brut, 25 p. %........ | 3,000,000 |
| Total..... | 12,000,000 f. |

Pour la 3e catégorie :

| | |
|---|---|
| Laine foulée (ou à 7 fr. le mètre)......... | 840.000 f. |
| Laine et coton pour gilets............... | 980,000 |
| Passementerie, bordure et boutons........ | 70,000 |
| Laine non foulée pour vêtement et doublure. | 630,000 |
| Tissu de fil......................... | 840,000 |
| Tissu de coton...................... | 840,000 |
| | 4,200,000 |
| Main-d'œuvre............. | 1,400,000 |
| Bénéfice brut, 20 p. %..... | 1,400,000 |
| Total......... | 7,000,000 f. |

Le tableau intitulé : annexe *B*, présente d'une manière synoptique, et pour les trois catégories réunies, les valeurs des étoffes employées par la confection en détail, avec la proportion que prend chaque espèce d'étoffe dans l'ensemble de ces valeurs. La main-d'œuvre et le bénéfice prélevé y figurent avec leur proportion spéciale.

La vente en gros pour l'intérieur est faite par 50 maisons de Paris.

Le chiffre de cette vente s'est élevé, pour 1856, à 5,000,000 de francs.

Cette somme se divise ainsi :

| | | |
|---|---|---|
| Maisons de 1er ordre. 3 font | ........... | 600,000 f. |
| — de 2e — 27 | ........... | 3,400,000 |
| — de 3e — 20 | ........... | 1,000,000 |
| | Total égal... | 5,000,000 f. |

J'ai cru devoir encore ici diviser les produits vendus en trois catégories que distingue le prix des matières premières, et les 5,000,000 de francs de transactions se répartissent de la manière suivante :

| | | |
|---|---|---|
| 1re catégorie (type à 16 fr. | ............. | 600,000 f. |
| 2e — (type à 11 fr.) | ............. | 3,400,000 |
| 3e — (type à 7 fr.) | ............. | 1,000,000 |
| | Total égal...... | 5,000,000 f. |

On remarquera que les sommes présentées par les trois types sont les mêmes que celles que j'ai portées plus haut comme présentant le chiffre d'affaires des maisons de 1er, de 2e et de 3e ordre.

La raison en est que, pour la vente en gros, comme pour la vente à destination de l'étranger, les maisons qui fabriquent sont ici représentées par le taux moyen des matières premières qu'elles emploient. Il n'en est pas de même pour la vente au détail, où il a été possible de classer les maisons selon l'importance de leurs affaires.

Les matières premières employées par la confection, pour la

vente en gros à l'intérieur, se traduisent par les valeurs suivantes :

Pour la 1re catégorie :

| | |
|---|---|
| Laine foulée (à 16 fr. le mètre)........... | 192,000 f. |
| Soie pour doublure.................. | 30,000 |
| Soie pour gilets.................... | 24,000 |
| Passementerie, bordure et boutons........ | 18,000 |
| Laine non foulée pour vêtement et doublure. | 66,000 |
| Tissu de fil........................ | 30,000 |
| Tissu de coton...................... | 30,000 |
| | 390,000 |
| Main-d'œuvre............ | 120,000 |
| Bénéfice brut, 15 p. %.... | 90,000 |
| Total....... | 600,000 f. |

Pour la 2e catégorie :

| | |
|---|---|
| Laine foulée (à 11 fr. le mètre)........... | 1,020,000 f. |
| Soie pour doublure.................. | 136,000 |
| Soie pour gilets.................... | 68,000 |
| Passementerie, bordure et boutons........ | 68,000 |
| Laine non foulée pour vêtement et doublure. | 340,000 |
| Tissu de fil........................ | 170,000 |
| Tissu de coton...................... | 238,000 |
| | 2,040,000 |
| Main-d'œuvre............ | 680,000 |
| Bénéfice brut, 20 p. 0/0... | 680,000 |
| Total....... | 3,400,000 f. |

Pour la 3e catégorie :

| | |
|---|---|
| Laine foulée (à 7 fr. le mètre)........... | 120,000 |
| *A reporter*....... | 120,000 f. |

| | |
|---|---|
| *Report*....... | 120,000 f. |
| Passementerie, bordure et boutons........ | 10,000 |
| Laine non foulée pour vêtement et doublure. | 90,000 |
| Tissu de fil.......................... | 120,000 |
| Tissu de laine et coton................ | 120,000 |
| Tissu de coton...................... | 140,000 |
| | 600,000 |
| Main-d'œuvre............ | 200,000 |
| Bénéfice brut, 20 p. 0/0.... | 200,000 |
| Total........... | 1,000,000 f. |

L'annexe *C* présente d'une manière synoptique la valeur respective des matières premières employées par la confection en gros, le montant de la main-d'œuvre et du bénéfice prélevé, avec la proportion pour cent de chaque article dans l'ensemble des valeurs.

### Relations actuelles de la Confection avec l'étranger.

La vente pour l'exportation occupe 25 maisons seulement qui, presque toutes, vendent en même temps en gros pour l'intérieur.

Le chiffre de leurs transactions s'élève à 6,000,000 de francs, et se répartit ainsi :

| | | | |
|---|---|---|---|
| Maisons de 1er ordre. | 2 | faisant....... | 2,500,000 f. |
| — de 2e | 8 | ....... | 2,500,000 |
| — de 3e | 15 | ....... | 1,000,000 |
| | | Total......... | 6,000,000 f. |

Le genre de relations de ces établissements varie à l'infini; quelques-uns se bornent à expédier sur un petit nombre de places; d'autres, au contraire, font parvenir leurs produits sur tous les points du globe.

Le chiffre des exportations de ma maison s'est élevé, pour 1856, à 1,500,000 francs.

Voici les principales stations où ont été expédiés mes articles :

*Europe.*

| | | |
|---|---|---|
| Angleterre | 10,000 | |
| Autriche | 18,000 | |
| Espagne (Gibraltar) | 6,000 | |
| Grèce | 45,000 | 110,000 f. |
| Russie | 6,000 | |
| Suisse | 20,000 | |
| Turquie | 5,000 | |

*Asie.*

| | | |
|---|---|---|
| Bombay | 2,000 | 7,000 |
| Madras | 5,000 | |

*Afrique.*

| | | |
|---|---|---|
| Algérie | 20,000 | |
| Égypte | 50,000 | |
| Iles de Madagascar | 2,000 | 92,000 |
| Iles de Maurice | 10,000 | |
| Iles de Réunion | 10,000 | |

*Amérique.*

| | | |
|---|---|---|
| Brésil | 500,000 | |
| Chili | 60,000 | |
| Costa-Rica | 15,000 | |
| Équateur | 4,000 | |
| États-Unis | 57,000 | |
| Grenade (Nouvelle-) | 40,000 | |
| Mexique | 4,000 | |
| Pérou | 80,000 | |
| *A reporter* | 760,000 | 209,000 f. |

| | | | |
|---|---|---|---|
| | *Report*...... | 700,000 | 200,000 f. |
| Plata................... | | 450,000 | |
| Iles de | Haïti ............ | 6,000 | |
| | Havane.... ...... | 20,000 | |
| | Martinique ......... | 5,000 | 1,280,000 |
| | Puerto-Rico........ | 15,000 | |
| | Saint-Thomas....... | 20,000 | |
| | Trinidad........... | 10,000 | |
| | *Océanie.* | | |
| Australie.......................... | | | 5,000 |
| | Total égal.... | | 1,500,000 f. |

D'après les renseignements que je me suis procurés, voici comment se répartissent, sur les places étrangères, les 6 millions de l'exportation générale de Paris :

**Exportation générale.**

| | | | |
|---|---|---|---|
| | *Europe.* | | |
| Angleterre................ | | 20,000 | |
| Autriche ... ............ | | 40,000 | |
| Espagne (Gibraltar)......... | | 25,000 | |
| Grèce................... | | 90,000 | 495,000 f. |
| Russie.... ............ | | 30,000 | |
| Suisse .. ............. | | 250,000 | |
| Turquie.......... ..... | | 40,000 | |
| | *Asie.* | | |
| Bombay............ ..... | | 10,000 | 14,000 |
| Madras.................. | | 4,000 | |
| | *Afrique.* | | |
| Algérie.................. | | 140,000 | |
| Egypte........... .... .. | | 100,000 | |
| Iles de | Madagascar ....... | 5,000 | 375,000 |
| | Maurice .......... | 70,000 | |
| | Réunion. .... .... | 60,000 | |
| | *A reporter*............ | | 884,000 f. |

| | | |
|---|---|---|
| *Report* | | 884,000 f. |
| ***Amérique.*** | | |
| Brésil | 2,000,000 | |
| Chili | 200,000 | |
| Costa-Rica | 35,000 | |
| Équateur | 16,000 | |
| États-Unis | 200,000 | |
| Grenade (Nouvelle-) | 90,000 | |
| Mexique | 10,000 | |
| Pérou | 200,000 | 5,076,000 |
| Plata | 1,900,000 | |
| Iles de Haïti | 40,000 | |
| Iles de Havane | 50,000 | |
| Iles de Martinique | 105,000 | |
| Iles de Puerto-Rico | 30,000 | |
| Iles de Saint-Thomas | 110,000 | |
| Iles de Trinidad | 30,000 | |
| ***Océanie.*** | | |
| Australie | | 40,000 |
| TOTAL ÉGAL | | 6,000,000 f. |

Ainsi nous exportons aujourd'hui nos vêtements français dans le monde entier. Nous envoyons dans des contrées où ils semblent à peine nécessaires des vêtements de drap semblables aux nôtres. Madras et Bombay nous font fabriquer des habits de laine doublés de soie, si légers qu'on peut les mettre dans sa poche comme un foulard.

Le chiffre total, pour ces deux stations (13,500 fr.), est sans doute peu important; mais il promet de s'accroître rapidement.

Le long des côtes occidentales de l'Afrique, les sauvages mêmes recherchent nos vêtements. Qui le croirait? une maison de Marseille, la maison Régis, fait des échanges d'habillements confectionnés contre des produits naturels de ces pays.

Je ne puis omettre qu'au moment même où j'écris ces lignes

ma Maison reçoit une commande d'un pays à peu près inconnu. La chose est peu importante en elle-même; je ne la cite que pour montrer l'extension qu'est appelée à prendre un jour la confection.

Le *Coniquet* ou *Koniquay* est une petite contrée de l'Afrique située près du Congo, dont les habitants, tous noirs, vont constamment nus; le pagne est le seul progrès qu'ait fait l'habillement chez cette peuplade depuis la création. Le roi de ce pays, voulant sans doute rehausser son autorité aux yeux de ses sujets, par un vêtement à l'européenne, m'a fait demander une redingote chamarrée et entièrement doublée de soie rouge. Sa Majesté nègre n'a pas jugé utile de commander un pantalon.

Je ne doute pas que les chefs nègres n'imitent leur prince, et bientôt peut-être le luxe faisant invasion dans les masses, j'aurai à couvrir la nudité traditionnelle des habitants du Coniquet.

Comme pour la vente en détail et la vente en gros, j'ai divisé en trois catégories les articles confectionnés pour l'exportation.

| | |
|---|---|
| La première, dont le type est la laine foulée à 16 fr. le mètre, donne un chiffre de | 2,500,000 fr. |
| Le 2e type, à 11 fr. | 2,500,000 |
| Le 3e type, à 7 fr. | 1,000,000 |
| Total | 6,000,000 fr. |

Les 2,500,000 fr. de la première catégorie se répartissent ainsi :

| | |
|---|---|
| Laine foulée à 16 fr. le mètre | 800,000 fr. |
| Soie pour doublure | 125,000 |
| Soie pour gilets | 100,000 |
| Laine non foulée pour vêtements et doublure | 275,000 |
| Tissu de fil | 125,000 |
| Tissu de coton | 125,000 |
| *A reporter* | 1,550,000 fr. |

| | |
|---|---|
| *Report*.......... | 1,550,000 fr. |
| Passementerie, bordure et boutons....... | 75,000 |
| | 1,625,000 |
| Main-d'œuvre............ | 500,000 |
| Bénéfice brut, 15 p. 0/0.... | 375,000 |
| TOTAL........... | 2,500,000 fr. |

Les 2,500,000 f. de la seconde catégorie comprennent, savoir :

| | |
|---|---|
| Laine foulée à 11 fr. le mètre........... | 750,000 fr. |
| Soie pour doublure................... | 100,000 |
| Soie pour gilets...................... | 50,000 |
| Laine non foulée pour vêtement et doublure. | 250,000 |
| Tissu de fil......................... | 125,000 |
| Tissu de coton....................... | 175,000 |
| Passementerie, bordure et boutons....... | 50,000 |
| | 1,500,000 |
| Main-d'œuvre............ | 500,000 |
| Bénéfice brut, 20 p. 0/0..... | 500,000 |
| TOTAL........... | 2,500,000 fr. |

Enfin la 3e catégorie, dont le chiffre n'est que de 1,000,000 fr., offre les détails suivants :

| | |
|---|---|
| Laine foulée à 7 fr. le mètre............ | 120,000 fr. |
| Laine non foulée pour vêtement et doublure. | 90,000 |
| Tissu de fil......................... | 120,000 |
| Tissu de laine et coton................ | 120,000 |
| Tissu de coton....................... | 140,000 |
| Passementerie, bordure et boutons....... | 10,000 |
| | 600,000 |
| Main-d'œuvre............ | 200,000 |
| Bénéfice brut, 20 p. 0/0.... | 200,000 |
| TOTAL......... | 1,000,000 fr. |

L'annexe *D* placée à la fin du présent travail présente l'ensemble des chiffres des trois catégories avec la proportion spéciale et la proportion générale que prend chaque article dans l'ensemble des valeurs de l'exportation.

L'emploi des étoffes des trois catégories a produit 302,900 vêtements divers, dont le prix moyen tombe à 17 fr. l'un, savoir :

| | |
|---|---|
| Habits | 1,100 |
| Redingotes | 6,500 |
| Paletots | 137,000 |
| Talmas, pelisses, pardessus, etc | 7,700 |
| Robes de chambre | 1,300 |
| Amazones | 100 |
| Pantalons | 120,500 |
| Gilets | 38,000 |
| Manteaux, crispins, cabans, etc | 3,900 |
| Vestes et vareuses | 17,800 |
| Costumes d'enfants | 9,000 |
| Total égal | 302,900 |

L'annexe *E* présente d'une manière synoptique l'exportation de vêtements pour les trois catégories, avec indication du nombre de vêtements expédiés, de la valeur spéciale et de la valeur moyenne de chaque espèce de vêtement.

L'annexe *F* présente l'exportation sous le rapport du poids et de la valeur du kilogramme de vêtements expédiés.

Les poids ont été donnés par espèce de vêtement pour chaque catégorie. Il en ressort que la masse des vêtements exportés en 1856, pour une valeur de 6,000,000 fr., est égale à 229,725 kilogrammes.

La valeur moyenne de l'ensemble de ces produits est de 26 fr. le kilogramme.

Elle se spécialise ainsi :

| | | |
|---|---|---|
| Habits de drap | 66 fr. | le kilog. |
| Redingotes de drap | 52 | — |
| Paletots d'hiver et d'été en drap | 29 | — |
| Paletots de laine non foulée et de coutil | 20 | — |
| Talmas de drap | 50 | — |
| Pelisses et pardessus | 35 | — |
| Robes de chambre | 18 | — |
| Amazones de drap | 81 | — |
| Pantalons de drap nouveauté et satin noir | 33 | — |
| Pantalons de laine non foulée et coutil | 15 | — |
| Gilets d'étoffes diverses | 32 | — |
| Manteaux et crispins | 48 | — |
| Cabans unis et chamarrés | 14 | — |
| Vestes et vareuses | 14 | — |
| Costumes d'enfants | 52 | — |

L'annexe *G* présente par espèce de vêtement exporté les défalcations à faire sur les poids pour arriver au nombre de kilogrammes de marchandises donnant droit à la prime de sortie.

Ces défalcations comprennent les doublures et fournitures.

Il résulte de ce tableau que le poids des tissus à prime est de .................................. 154,360 kilog.

Et celui des doublures et accessoires de... 75,365

TOTAL ÉGAL..... 229,725 kilog.

L'annexe *H* présente, par puissance ou localité, les droits divers prélevés à l'importation sur les vêtements confectionnés expédiés de France.

Ces droits se prélèvent de trois manières : à la pièce, au poids ou à la valeur constatée. Ils varient à l'infini; on remarque cependant que le minimum, 1 1/2 p. 0/0 *ad valorem*, se paye à Saint-Thomas (Antilles) et que le maximum, 60 p. 0/0, est prélevé au Mexique. La moyenne des droits semble être d'environ 30 p. 0/0 sur l'ensemble de notre exportation.

Je reviendrai plus loin sur les termes que présente l'annexe *H* ; ils offrent quelque intérêt pour l'avenir de notre industrie.

Enfin, l'annexe *I* présente, pour chacune des trois catégories, le chiffre des vêtements confectionnés exportés à destination de chaque puissance ou localité. Cet état fait ressortir les qualités spéciales à chaque point du globe.

### Action de la confection sur diverses industries.

La confection, en prenant sa place au milieu des nombreuses industries de Paris, a eu un résultat qu'il est important de consigner ici. Je veux parler de la nouvelle impulsion donnée à la passementerie, à la boutonnerie, à la rubannerie, mais surtout à la fabrication de draps, de tissus de fil, de fil et laine, de coton et de soie à bas prix, draps et tissus qui, sans elle, n'existeraient pas ou ne pourraient trouver d'écoulement.

La confection, en effet, a un but fondamental, c'est d'attirer à elle la majorité des consommateurs en produisant à bon marché. Chercher le bon marché dans la réduction de la main-d'œuvre eût été une erreur, ainsi que je le disais dans une notice que j'eus l'honneur d'adresser à la Commission impériale de l'Exposition universelle de l'industrie en 1855, et que j'ai jointe au présent travail comme appendice; et cette erreur même n'eût pu être de longue durée, parce que son résultat sur le prix du produit n'aurait pas été suffisant pour faire une concurrence sérieuse aux articles confectionnés par les tailleurs de l'intérieur et de l'étranger, ou plutôt n'aurait pas pu créer de nouveaux besoins et solliciter de nouvelles demandes.

Comme le seul succès possible de la confection était dans une fabrication de vêtements à prix réduits, il fallut atteindre ce but en demandant de nouveaux produits à la fabrique de tissus, c'est-à-dire en lui commandant des étoffes nouvelles, légères, spéciales, surtout à bas prix ; et comme les tissus à bas prix, quels qu'ils soient, ne peuvent rivaliser avec ceux de qualité supérieure, on dut recourir à d'autres industries, telles que la passementerie, la boutonnerie et la rubannerie pour donner aux vêtements à bon marché une apparence flatteuse, une coquetterie, une élégance qui leur tinssent lieu de valeur réelle.

On se mit à l'œuvre de toutes parts, et bientôt on fabriqua des tissus de laine et de soie à des prix inconnus jusqu'alors.

C'est ainsi que l'on voit figurer en 1856, dans les 38 millions qui représentent la confection générale, pour plus de 1 million de draps au prix moyen de 7 fr., et pour plus de 1,300,000 fr. de soie de 4 à 6 fr. le mètre.

Ces tissus, Monsieur le Ministre, c'est la confection seule qui les a créés, c'est la confection seule ou presque seule qui les emploie; c'est par elle que ces tissus légers sont entrés peu à peu dans le goût des masses, ont fait disparaître la blouse de l'ouvrier et popularisé l'habit ; c'est encore par elle que ces draps à 7 fr., dont la matière première est frappée d'un impôt très-élevé, et qui, par cela même, ne pourraient supporter la concurrence de ceux que fabriquent l'Angleterre, la Belgique et l'Allemagne, franchissent cependant nos frontières, et parviennent sur les marchés étrangers, lorsqu'ils sont rehaussés par cette grâce toute française que nos confectionneurs savent donner aux vêtements qui sortent de leurs ateliers.

Mais le concours inappréciable qu'offre la confection à la fabrique des tissus, c'est de provoquer l'écoulement des marchandises vieillies en magasin ou délaissées par la mode.

La fabrique n'a plus guère à subir aujourd'hui ces réductions considérables qu'entraînait pour elle la clôture de chaque saison, époque où, sous le titre de *solde*, elle se trouvait amenée à des transactions toujours onéreuses et parfois ruineuses.

Les marchandises placées ainsi par l'intermédiaire de la confection s'élèvent à un chiffre considérable; les draps lisses y entrent pour un quart, la nouveauté comprend le reste.

Moins surexcitées que la draperie et la soierie, la passementerie, la rubannerie et la boutonnerie prennent cependant aujourd'hui dans l'ensemble de la confection une part assez importante puisqu'elle arrive, comme on le verra par l'annexe A, à près de 800,000 francs, dont 20 p. 0/0 au moins sont applicables à la main-d'œuvre; nouvelle source de travail due entièrement à la confection.

Pour apprécier complétement l'impulsion qu'ont subie ces trois dernières industries, il faudrait ajouter aux 800,000 fr. en question la masse d'articles qu'elles fournissent aujourd'hui à la confection pour femmes, articles dont la proportion est ici bien plus forte que dans les vêtements pour hommes. Or, la confection pour femmes, dont l'origine est plus récente encore que celle de la confection pour hommes, est le complément de cette dernière et est appelée à prendre un développement tout aussi rapide.

### De la confection comme source de travail et comme élément de civilisation.

La confection, en appelant à elle la majorité des consommateurs, tend de plus en plus à développer le travail national, et à cet égard notre industrie est d'autant plus intéressante qu'elle est une de celles auxquelles les forces mécaniques ne sont pas applicables, qu'elle offre enfin aux classes laborieuses un champ toujours vaste à glaner. C'est en vain que des essais ont été tentés pour coudre à la mécanique; la science, sans doute, n'a pas épuisé ses conceptions, mais, jusqu'ici, tout ce qui a été proposé pour remplacer la main de l'ouvrier ne laisse que peu d'espoir d'arriver à des instruments parfaits.

Dans l'état actuel des choses, les mains de l'ouvrier seules sont applicables à la confection.

Aussi, à mesure que le goût du luxe pénètre dans les masses, les transactions de la confection s'étendent, la somme de travail s'accroît et le besoin d'ouvriers va sans cesse grandissant. Aujourd'hui même que 20,000 ouvriers travaillent pour la confection dans Paris, cela ne suffit plus à notre industrie pour répondre aux besoins de la consommation.

Cette pénurie d'ouvriers s'explique par deux causes naturelles, le mouvement ascensionnel des transactions, et, d'un autre côté, les mesures prises par l'Administration pour ne laisser arriver à Paris que des ouvriers dont les moyens d'existence soient assurés.

Le résultat immanquable de l'infériorité de la main-d'œuvre, relativement à la somme du travail, est de produire une surélévation des salaires; c'est ce qui a eu lieu.

L'annexe *J* présente, par nature de vêtements et par catégorie, les prix payés actuellement pour le cousage.

Comparés aux salaires de 1847, ceux que paie actuellement la confection présentent une augmentation de 15 p. 100 en moyenne sur l'ensemble des articles.

Cette augmentation de la main d'œuvre, toutes choses égales d'ailleurs, suivra le mouvement d'accroissement de nos transactions.

Il n'y aurait, assurément, lieu que de se réjouir de voir l'ouvrier mieux rétribué; mais, comme je le montrerai tout à l'heure, nos relations avec l'étranger prennent des développements considérables, et si déjà gênée à son origine par les droits exorbitants que paient les matières premières, la confection devait en outre payer une main-d'œuvre trop élevée, nous verrions se fermer devant nous les marchés étrangers.

Cet état de choses est à étudier sérieusement; il a son intérêt pour le présent comme pour l'avenir.

Je reviens sans cesse sur ce mot, l'*avenir*. C'est qu'en effet la confection est une industrie naissante, et qui, cependant, donne déjà les plus grandes espérances; en répondant à des besoins réels, elle semble n'avoir de limites que ces mêmes besoins. Toutes les classes de la société sont aujourd'hui ses tributaires.

Sous ce rapport, Monsieur le Ministre, la confection a dû contribuer, il me semble, à la moralisation des masses; l'ouvrier, autrefois vêtu de grosse toile ou de haillons raccommodés, peut aujourd'hui endosser l'habit; cette tenue, qui lui est devenue familière, le relève et l'oblige à se respecter. L'ivrognerie a perdu d'autant plus de terrain que le goût de la toilette en gagnait davantage. L'intempérance disparaissant, les habitudes d'ordre y ont succédé, et par suite les relations de famille se sont améliorées.

Cette modification des mœurs se remarque surtout chez les ouvriers de la confection.

La diminution du nombre des ouvriers a amené l'augmentation des salaires et fait disparaître les chômages; or, les chômages, pour l'ouvrier qui est naturellement imprévoyant, sont la cause principale de la misère. Le travail devenu constant a permis à l'ouvrier, chef de famille, d'employer sa femme, ses parents, ses enfants même, suivant leur degré d'aptitude; il en résulte des habitudes casanières, qui ont adouci les caractères, et les enfants mieux surveillés, mieux soignés, ayant sous leurs yeux de bons exemples, ont pris goût au travail et promettent une génération plus heureuse, plus raisonnable et plus docile que celle de leurs devanciers.

### Avenir de la confection en France

Notre industrie, comme nous l'avons vu, partie d'un chiffre insignifiant, parvient, après un quart de siècle, à compter dans les transactions de Paris pour 38 millions de francs, non contente d'écouler ses produits à l'intérieur, elle s'efforce aujourd'hui de les expédier sur les plages les plus lointaines: nouant des relations avec l'étranger, elle arrive en cinq ans à jeter pour 6 millions de ses produits dans la consommation; n'est-il pas permis d'en conclure que, fondée sur des besoins journaliers, et satisfaisant le goût des consommateurs qui aiment le luxe comme de ceux qui cherchent l'économie, la confection a devant elle un horizon sans bornes?

Son mouvement d'extension est en quelque sorte mathématique; il est représenté à peu près exactement par 1,200,000 fr. par an, soit pour l'exportation considérée isolément, soit pour l'ensemble des opérations.

La Statistique de l'industrie à Paris caractérisait ainsi la confection en 1847 (1) :

« Cette industrie est assez récente, et a pris rapidement un « grand développement. Elle fut accueillie dans l'origine avec « indifférence ; bientôt après elle tomba en discrédit, et n'a repris « faveur que dans ces dernières années. Le public prend l'habitude d'aller dans ces établissements ; grâce au payement comptant, on y est habillé à moins de frais, et cette condition de « payement est tellement essentielle qu'elle ramène à la façon « sur mesure, même chez les confectionneurs.

« *La réussite des maisons de confection a fait entrer dans « cette industrie de grands capitaux*, et elle a déterminé des « fabricants de draps et d'étoffes à s'y intéresser. Ce succès et la « faveur du public sont dus au bon marché, et les causes qui le « produisent sont les suivantes : Les frais généraux sont répartis « sur une somme d'affaires considérable ; les consommateurs « tenant peu à la nouveauté, les marchandises sont achetées, en « fin de saison, aux conditions les plus avantageuses ; il n'y a « point ou que peu de perte de temps et de main-d'œuvre pour « ce que l'on appelle l'essayage ; les ventes sont faites sans rabais et au comptant ; enfin les façons sont payées moins cher, « soit à raison du plus ou moins d'habileté des ouvriers, mais « surtout à raison de la facilité qu'ont les confectionneurs de « faire travailler dans les moments ordinaires de chômage. »

De grands changements ont eu lieu depuis lors. Les capitaux ont afflué vers la confection ; l'exportation a pris naissance ; les tissus, fabriqués mieux et dans de meilleures conditions, ont pu faire baisser les prix de revient ; enfin la main-d'œuvre mieux rétribuée a pu trouver des ouvriers plus habiles.

La confection est donc en voie de progrès, et rien ne semble devoir arrêter sa marche.

---

(1) Paris, 1851. — Pag. 297.

C'est ici le lieu de le dire, le développement de la confection n'est cependant pas ce qu'il eût pu être.

Les droits élevés dont sont grevées les laines à l'entrée pèsent énormément sur le tissu. Ces droits sont payés sur la matière première à l'achat brut, sur la laine en suint; il en résulte que les 12 p. 0/0, auxquels un décret récent a cependant tarifé la laine, s'élèvent encore en réalité à plus de 30 p. 0/0 quand cette même laine est convertie en tissu.

Si l'on ajoute, comme je l'ai dit, page 31, les 30 p. 0/0 *ad valorem*, en moyenne, que payent nos vêtements à l'entrée dans les pays étrangers, nous arrivons à un chiffre énorme de droits, dont il faut déduire environ 2 p. 0/0 *ad valorem* que rembourse le Gouvernement français à titre de *prime de sortie*.

Et cependant, dans des conditions aussi défavorables, la confection française se développe d'année en année; la cause est à rechercher dans cette élégance toute particulière de nos coupes, dans ces ornements que renouvelle, que modifie avec tant de goût le tailleur français.

Si nos vêtements confectionnés, qui ne pourraient soutenir la comparaison avec les similaires anglais ou belges, soit pour la qualité du tissu, soit pour le prix, parviennent néanmoins à faire concurrence à ceux-ci, c'est grâce à la *mode*, cette reine française dont l'influence se fait sentir sur le monde entier.

Que serait-ce, si nous pouvions produire aux mêmes conditions que l'Angleterre et la Belgique?

Il est d'une haute importance pour la France de voir se développer une industrie comme la confection qui, comme je le montrerai tout à l'heure, donne des salaires à la partie de la population impropre à tout travail pénible, c'est-à-dire aux vieillards, aux femmes, aux enfants et aux invalides de toute espèce. Sans la confection la plupart de ces existences devraient faire un appel à la charité, et viendraient reformer ces hordes de mendiants qui autrefois encombraient nos rues.

Ne serait-il pas possible, dans ce but, de provoquer, par l'intermédiaire de notre diplomatie, la modération des droits payés par nos vêtements à l'étranger, et de tâcher de faire ramener ces droits à un taux qui ne dépassât pas 20 p. 0/0?

Comme compensation, la prime à la sortie payée par le Gouvernement français pourrait être supprimée.

La confection ne s'en plaindrait pas, car la réglementation de l'administration des Douanes, par une contradiction assez étrange, l'a peu favorisée.

Ainsi, tandis qu'un grand nombre d'articles de laine pure ou de tissus mixtes sont admis à faire valoir leurs droits à la prime, dès que le chiffre s'en élève à 10 fr., quel que soit le poids net de l'expédition, la confection *seule*, pour réclamer une prime, doit se présenter en douane avec une masse de tissu pesant au moins 25 kilogrammes, c'est-à-dire, toute défalcation faite des doublures et des boutons. Or, 25 kilog. net représentent pour l'exportation, et pour des articles appartenant généralement à la première catégorie, une somme d'environ 2,500 fr. et un poids brut de 38 kilog. Les factures de cette importance sont assez rares ; il nous faut alors attendre qu'une expédition atteigne le poids prescrit, ou renoncer au bénéfice de la prime.

Plusieurs réclamations, adressées à l'administration des Douanes pour obtenir que la confection soit traitée sur le pied des autres industries, sont restées sans succès.

Ainsi que je le disais tout à l'heure, si une modération de droits à l'étranger pouvait être obtenue, peut-être vaudrait-il mieux supprimer pour la confection la prime de sortie, car les formalités dont s'entoure l'administration pour l'évaluation des tissus qui lui sont présentés, les contestations que cette opération peut soulever sont autant d'obstacles à la marche rapide des affaires, obstacles qu'il est temps de voir disparaître. La vitesse est aujourd'hui, grâce aux chemins de fer, aux bâtiments à vapeur et aux télégraphes électriques, une des conditions de notre existence ; parsemer d'entraves le cours des opérations commerciales est donc un non sens.

Dans l'état actuel de nos relations avec la Russie, il serait, je crois, possible d'obtenir de ce côté un dégrèvement bien désirable. On verra, par l'annexe *H*, que la Russie prélève à l'importation sur nos vêtements confectionnés :

Pour la partie d'Europe.................... 30 0/0
Pour les provinces transcaucasiennes........ 50 0/0

La Russie est, pour l'industrie française, un vaste champ à glaner. Nos tissus et nos modes surtout y sont en faveur. Si la confection n'expédie presque rien dans ces parages, cela tient uniquement au prix de revient considérable qu'atteignent nos vêtements lorsqu'ils entrent dans la consommation.

Je ne crains pas d'affirmer que le jour où la confection aura vu s'abaisser à l'étranger les barrières qui lui sont opposées, — les tarifs prohibitifs, — notre industrie marchera d'un pas rapide dans la voie du progrès. Les demandes afflueront de tous les points du globe, et l'effectif de nos ouvriers n'étant que très-strictement suffisant pour les besoins actuels, il devra en résulter une amélioration sensible dans la rémunération de la main-d'œuvre, amélioration bien désirable dans l'intérêt même de la confection, car, on le sait, l'ouvrier mal rétribué prend sa profession en dégoût et ne se perfectionne pas.

C'est ce côté de la question que je vais étudier tout spécialement sous le titre des salaires.

### Des salaires

Dans mon opinion, toutes les questions d'économie politique devraient être envisagées au point de vue du travail national et non de la protection de telle ou telle industrie ; à cet égard, il me semble que, jusqu'ici, les idées ont généralement fait fausse route, et que la matière a été traitée à revers.

Développer le travail national, c'est faire la fortune des capitaux qui le centralisent ; c'est donner l'activité aux affaires et consolider le crédit public. Il y a plus : en procréant le travail national, on supprime les chômages, on élève la main-d'œuvre et l'on met un frein aux mouvements populaires qui sont presque toujours l'expression d'un malaise des esprits causé par la misère publique.

Développer le travail national est donc le meilleur moyen de faire le bonheur des masses en les moralisant.

Ces réflexions donnent à la confection une importance qui mérite d'être signalée.

La part que prend notre industrie dans la masse des transactions de Paris étant de 38 millions, 8 millions environ sont absorbés par la main-d'œuvre.

Ces 8 millions de francs ne s'appliquent absolument qu'aux ouvriers de la confection ; ils ne comprennent pas, par conséquent, les appointements de tout le personnel que nécessitent la coupe, la vente et l'expédition des vêtements, ainsi que la tenue des écritures.

Les 8 millions de francs de salaires, répartis sur 20,000 ouvriers, ne donnent par tête et par an qu'une moyenne de 400 fr. Ce chiffre, tout anormal qu'il puisse paraître, s'explique par les faits suivants :

1° Que les ouvriers de la 1re classe ne travaillent pour la confection qu'aux époques du chômage chez les tailleurs ;

2° Que ceux de la 3e classe, véritable population flottante, épuisée, maladive, et composée en grande partie de femmes, ne donne jamais qu'une minime portion de la journée au travail.

Il ressort de ce qui précède que, seuls, les ouvriers de la 2e classe sont, à peu près, constamment attachés aux maisons de confection.

Voici, en définitive, quel est l'effectif de la confection :

| | | |
|---|---|---|
| | 200 | commis aux écritures, |
| | 1,000 | — à la vente, |
| | 100 | garçons de magasin, |
| | 500 | coupeurs, |
| | 20,000 | ouvriers des deux sexes. |
| Total. . | 21,800 | |

Les 20,000 ouvriers se divisent ainsi :

| | | | Hommes. | Femmes. |
|---|---|---|---|---|
| 3,000 | ouvriers | de 1re classe..... | 2,500 | 500 |
| 9,000 | — | de 2e classe..... | 5,500 | 3,500 |
| 8,000 | — | de 3e classe..... | 3,000 | 5,000 |
| 20,000 | — | Total égal....... | 11,000 | 9,000 |

La 1re classe des ouvriers de la confection comprend les ouvriers les plus habiles, qui travaillent simultanément pour les tailleurs et pour les confectionneurs ;

La 2e classe se compose d'ouvriers d'un degré moindre en habileté, attachés exclusivement aux confectionneurs chez qui ils trouvent constamment de l'ouvrage :

La 3e classe se compose de gens à peu près étrangers au métier de tailleur, et qui ne peuvent que coudre, en raison de leur âge, de leur santé, de leurs infirmités ou de leur manque d'énergie. Si, pour cette sorte d'ouvriers, les salaires sont extrêmement réduits, la faute en est moins à la confection qu'à l'incapacité de ceux qu'elle emploie. Au lieu d'accuser la confection, comme cela s'est fait parfois, d'exploiter la main-d'œuvre, il faudrait la féliciter d'avoir pu tirer parti d'intelligences bornées et d'existences usées ; car, dans toute autre industrie, les ouvriers similaires à ceux de la 3e classe de la confection sont impitoyablement renvoyés des ateliers.

Dans les 20,000 ouvriers qu'emploie la confection, ma maison compte pour 1000 à 1100 hommes, femmes et enfants.

Le tarif des salaires que présente l'annexe J est divisé en trois classes, et correspond aux trois classes d'ouvriers de la confection.

Comparés à ceux de 1847, les salaires payés actuellement présentent une augmentation :

De 20 0/0 pour la 1re classe ;
De 15 0/0 pour la 2e —
De 10 0/0 pour la 3e —
Soit 15 0/0 en moyenne, comme je l'ai dit page 34.

On remarquera que naturellement l'augmentation la plus forte porte sur la classe des ouvriers les plus habiles.

En 1847, la Statistique de l'industrie, à Paris, constatait un chiffre de 14,223 ouvriers, dont 3,393 appiéceurs.

La Statistique s'exprimait ainsi au sujet de ces derniers :

« Les tailleurs et les confectionneurs font exécuter le montage « et la couture des vêtements par des maîtres ouvriers, qui sont « de petits entrepreneurs à façon, et qui, travaillant toujours à « la pièce, ont reçu le nom d'appiéceurs.

« Les appiéceurs peuvent être divisés en deux catégories :

« Les appiéceurs *à cheval* et les simples appiéceurs.

« Les premiers sont de véritables marchandeurs et presque « des chefs d'industrie; les seconds ne sont que des ouvriers « entrepreneurs. »

. . . . . . . . . . . . . . . . . .

« L'appiéceur dit *à cheval*, pour être assuré d'un bénéfice et « être remboursé de ses frais divers, parmi lesquels se trouve « le coupage, doit chercher des ouvriers dans des conditions « exceptionnelles. Il donne l'ouvrage dont il dispose à ceux qui, « sans travail et sans ressources, sont réduits souvent à accepter « un modique salaire. Ces entrepreneurs sont devenus par suite « impopulaires; les tailleurs et les confectionneurs ont fini par « éviter de les employer; et plusieurs grandes maisons n'en ont « conservé que pour la confection d'articles secondaires, tels que « les robes de chambre, les blouses, etc. Aussi il n'y a plus à « Paris que dix-huit ou vingt appiéceurs *à cheval*. »

En présentant les appiéceurs sous un jour aussi défavorable, la Statistique a commis une injustice.

L'appiéceur *à cheval rend de très-grands services* à la partie infime et désordonnée des ouvriers tailleurs de Paris. Il reçoit chez lui des gens qui n'ont pour logis que le garni, qui sont sans outils pour travailler, sans argent pour acheter des fournitures et même pour manger. — Il les héberge, leur offre l'établi, les outils, le feu et la lumière; leur avance de l'argent, et tout cela moyennant une rétribution qui n'est que d'*un sixième* ou d'*un dixième* du salaire gagné, selon la nature du travail fait. L'appiéceur fait encore quelque chose de plus pour ces ouvriers : il leur procure du travail; car quelle est la maison qui oserait confier sa marchandise à des malheureux, la plupart déguenillés et sans asile? Par l'appiéceur qui est responsable, le travail pénètre ainsi jusqu'aux couches inférieures de la société.

Du reste, le nombre des appiéceurs *à cheval* diminue de jour en jour, et il ne restera bientôt plus d'appiéceurs d'aucune sorte, à moins qu'on ne considère comme tels les chefs de famille qui préparent et dirigent le travail de leur entourage.

Cette disparition des appiéceurs, avantageuse pour les ouvriers, sur le salaire desquels ils prélevaient un bénéfice, est néanmoins une lacune dans notre industrie. Les appiéceurs, en effet, tous ouvriers habiles, prenaient des apprentis et formaient ainsi une pépinière qui devra nous manquer sensiblement, si la marche de nos transactions à l'intérieur comme à l'étranger n'éprouve pas de temps d'arrêt.

L'accroissement du nombre des ouvriers depuis 1847 est en rapport assez exact avec l'accroissement du nombre des maisons de confection et du chiffre de leurs affaires.

| | |
|---|---|
| Le nombre des maisons de confection était, en 1847, de | 233 |
| Il est, en 1856, de........................ | 270 |
| Le chiffre d'affaires, en 1847, ressortait à environ........................ | 28,000,000 fr. |
| Il est, en 1856, de........................ | 38,000,000 |
| Le nombre des ouvriers employés, en 1847, était de........................ | 14,223 |
| Il s'élève pour 1856, à........................ | 20,000 |

Il résulte des comparaisons qui ont pu être faites entre tous ces termes qu'un seul ne répond pas à la règle : c'est le chiffre d'affaires de 1856, qui n'eût dû être que de 32 millions, et non de 38, ce qui semblerait devoir faire considérer les 6 millions de francs de l'exportation comme un supplément apporté aux ventes de l'intérieur, sans création de nouveaux établissements.

Quoi qu'on ait pu dire de la confection et de ses salaires, il est un fait incontestable, c'est qu'elle offre à l'ouvrier habile un labeur sans chômages et mieux rétribué que dans toutes les autres professions. La journée de l'ouvrier tailleur de première classe, attaché à une maison de confection, n'est pas moindre de 5 francs par jour. Quelle est l'industrie qui élève à ce taux un travail sans dangers, exécuté à l'abri des intempéries des saisons, au milieu des affections de la famille ? La situation des ouvriers tailleurs est-elle, comme je le disais en 1855, au Jury de l'Exposition, dans ma notice, « comparable à celle des peintres qui meurent « de la colique et qui, malgré six mois de chômage, ne gagnent « que 4 francs par jour dans les meilleures maisons ; » est-elle comparable à celle des mécaniciens que broient les engrenages ; des chauffeurs qu'asphyxient les vapeurs ; des ouvriers du bâtiment qui ont l'abîme sous leurs pieds ; enfin des travailleurs de toute espèce dont la vie est une lutte constante contre la mort ?

Je termine, Monsieur le Ministre, en vous priant d'excuser la longueur de ce travail. En m'étendant ainsi sur la confection, je crois avoir porté la lumière sur une industrie jusqu'ici peu connue et mal jugée. J'ai la conviction qu'elle contient, pour nos populations laborieuses, des germes nombreux de bien-être qu'il suffit de vous signaler pour que mon travail devienne digne de votre bienveillante attention.

Daignez agréer, Monsieur le Ministre, l'expression de mon profond respect et de mon dévouement.

Paris, le 15 avril 1857.

LEMANN.

# APPENDICE.

## EXPOSITION UNIVERSELLE DE L'INDUSTRIE.

**A Monsieur le Président et Messieurs les Membres du Jury du groupe des vêtements confectionnés.**

# NOTICE

SUR

## LA CONFECTION D'HABILLEMENTS

POUR

**LA CONSOMMATION INTÉRIEURE ET L'EXPORTATION,**

Par **LÉMANN**, exposant,

21, RUE CROIX-DES-PETITS-CHAMPS.

# NOTICE

SUR

# LA CONFECTION D'HABILLEMENTS

POUR

# LA CONSOMMATION INTÉRIEURE ET L'EXPORTATION.

« La confection d'habillements a été d'abord un trafic, plus « tard, un commerce; — aujourd'hui, elle est une des industries « les plus importantes de la France. »

Il y a à peine quarante ans, la confection d'habillements n'existait pas en France, ou plutôt les affaires désignées sous ce titre se bornaient à établir, tant bien que mal, avec des marchandises tarées ou de rebut, des vêtements de toute sorte. Ces articles étaient le complément, et non le fonds, de pacotilles que des aventuriers allaient écouler sur quelques rares contrées du globe.

La navigation à vapeur, en multipliant les rapports des vieux continents avec les terres nouvelles, a fait disparaître le trafic dit de pacotille et a ouvert une ère de progrès pour la confection.

Depuis 1825, la confection, considérée tout d'abord comme métier, a pris l'importance du négoce, et elle est aujourd'hui classée parmi les grandes industries de la capitale.

Les documents publiés par l'administration des Douanes pourraient en donner la preuve. Le *Drawback*, ou, pour me servir d'un mot français plus explicite, la prime d'exportation que touche la confection, chaque année, s'élève à un chiffre qui ne peut être assigné exactement, les produits de la confection étant, à la sortie, improprement assimilés aux tissus.

Après avoir cherché des débouchés sur tous les marchés intérieurs, fondé des comptoirs dans les principales villes de France, comme toutes les industries utiles et prospères, la confection se fraye un chemin à l'étranger ; elle rencontre dans les deux Amériques, dans l'Inde et sur les côtes d'Afrique, deux rivales habiles : l'Angleterre et la Belgique, deux rivales éminemment favorisées, l'une par ses tarifs de douane et ses moyens de transport, l'autre par le bon marché de sa main-d'œuvre ; la confection française se présente avec ses tissus de bon goût, sa coupe qu'imite le monde entier, et elle entre bientôt en concurrence avec l'Angleterre et la Belgique.

Dès 1820, M. Coutard, mon prédécesseur et le fondateur de ma maison, faisait à l'exportation environ 100,000 francs d'affaires. Ce chiffre reste à peu près stationnaire pendant vingt ans. En 1851, je prends la direction des opérations, et, me posant à un nouveau point de vue, en cinq ans je parviens à décupler son chiffre ; c'est ainsi que,

en 1851, j'arrive à.................. 20,000 fr.
en 1852, — à.................. 300,000
en 1853, — à.................. 400,000
en 1854, — à.................. 600,000
en 1855, — à........ (évaluation) 1,000,000 (A)

J'ai dit *en me posant à un nouveau point de vue ;* c'est qu'en effet j'ai voulu réunir pour mes produits l'élégance et le bon

(A) Le chiffre pour 1856 est de 1,500,000 francs, et 1857 présente pour le premier trimestre une augmentation proportionnelle

marché ; que j'ai cherché à fabriquer non pas pour des besoins passagers, mais bien pour une consommation permanente, en satisfaisant de tout point mes acheteurs, en marquant et emballant mes produits de façon à leur donner en quelque sorte la marque de fabrique, afin que, comme ceux de l'Angleterre, ils fussent accueillis sans défiance par l'étranger.

Ma vente à l'intérieur a suivi ce mouvement ascensionnel. Le tableau suivant présente la répartition de mon chiffre d'affaires par nature d'emploi.

| | VENTE à L'INTÉRIEUR | VENTE à L'EXTÉRIEUR | TOTAL. |
|---|---|---|---|
| Draps | 290.000f | 360.000f | 650.000f |
| Gilets | | | |
| Soieries | | | |
| Doublures | 173.000 | 217.000 | 390.000 |
| Fournitures | | | |
| Façon et bénéfices | 337.000 | 423.000 | 760.000 |
| | 800.000 | 1.000.000 | 1.800.000 |

Le chiffre de mètres de tissus employés dans mes ateliers, du mois d'août 1854 au mois de juillet 1855, s'élève à 53.000 mètres environ.

La somme que je viens de citer, un million de francs pour 1855, se répartit ainsi entre les divers points du globe, où mes expéditions atteignent quelque importance.

| | |
|---|---|
| Buenos-Ayres | 200,000f |
| Rio-Janeiro | 200,000 |
| Égypte | 100,000 |
| Californie | 80,000 |
| Valparaiso | 50,000 |
| Havane | 50,000 |
| New-York | 50,000 |
| Panama | 40,000 |
| Algérie | 40,000 |
| Nouvelle-Grenade | 30,000 |
| Saint-Thomas | 30,000 |
| Turquie | 20,000 |
| Colombie | 20,000 |
| Diverses contrées | 90,000 |
| Somme égale | 1,000,000 |

L'exportation faite par ma maison, du 1er août 1854 au 31 juillet dernier, s'est élevée au nombre de 32,615 pièces ou vêtements divers, qui se répartissent ainsi sur les douze mois de cette période :

| | | |
|---|---|---|
| 1854. | Août | 3,363 pièces. |
| | Septembre | 2,522 — |
| | Octobre | 1,504 — |
| | Novembre | 3,166 — |
| | Décembre | 2,842 — |
| 1855. | Janvier | 3,127 — |
| | Février | 1,853 — |
| | Mars | 3,138 — |
| | Avril | 2,952 — |
| | Mai | 2,269 — |
| | Juin | 3,236 — |
| | Juillet | 2,551 — |
| | Total | 32,615 pièces. |

Si l'on ajoute au total de mes exportations le chiffre des exportations des maisons de Paris et de plusieurs villes de France qui traitent le même article que moi, on aura une idée du développement actuel de notre industrie.

Quels que soient son chiffre d'affaires ou ses bénéfices, une industrie n'a d'importance réelle aux yeux de l'économiste et de l'homme d'État que par le nombre de bras qu'elle emploie, le nombre de familles qu'elle nourrit.

A cet égard, la confection mérite la plus sérieuse attention, car elle donne du travail à l'enfant, à la femme, au vieillard, à l'infirme, à tous ceux enfin qui, à raison de leur faiblesse ou de leur difformité, ne pourraient embrasser une profession plus pénible.

Afin de donner un exemple des sources de travail qu'offre la confection, je citerai mes chiffres :

Pour une somme d'affaires qui s'élève à 1,800,000 fr., soit 1 million à l'extérieur et 800,000 fr. à l'intérieur, j'emploie annuellement 600 ouvriers. Ces 600 ouvriers en emploient eux-mêmes 200 autres moins habiles qu'eux ou simplement apprentis, de sorte que, par le fait, le nombre des ouvriers attachés à ma maison est de 800 par an.

Ces ouvriers, pour la désignation des sexes, pourraient être divisés par la moitié, soit :

400 hommes et adultes.
Et 400 femmes et filles.

C'est ici le lieu de relever la confection de l'accusation qu'on a portée contre elle, celle d'exploiter l'ouvrier. A cet effet, je citerai encore ici les salaires de ma maison.

Les ouvriers qui travaillent à l'extérieur, c'est-à-dire chez eux, gagnent, en moyenne, pour huit heures de travail par jour,

| | |
|---|---|
| L'homme.............. | 3 f 50 |
| La femme ............ | 2 » |

Tous ces ouvriers ont des apprentis qui, chargés de coudre les parties les plus faciles des vêtements, doublent et au delà le salaire quotidien ci-dessus.

Les ouvriers qui travaillent à l'intérieur, c'est-à-dire dans ma maison, gagnent ordinairement, pour dix heures de travail par jour :

| | |
|---|---|
| L'homme............ | 4f 50 |
| La femme........... | 3 50 |

Les coupeurs, au nombre de 16, touchent un traitement moyen de 2,500 fr. par an.

Les commis, au nombre de 35, touchent, en moyenne, par an, 2,200 fr.

Peut-on dire, en présence de ce taux de la journée, que l'ouvrier est exploité, quand tant d'autres industries offrent des salaires bien inférieurs?

Peut-on dire que ce n'est qu'au prix de sa santé et de sa vie, que l'ouvrier tailleur gagne son pain, quand il reçoit 3 fr. 50 c. *pour huit heures de travail*, c'est-à-dire pour un laps de temps qu'on exige des hommes de bureau, chargés des travaux les plus ardus?

La position de l'ouvrier tailleur, travaillant chez lui, près de sa femme qui travaille avec lui, près de son enfant qui peut lui être utile, à l'abri de l'intempérie des saisons, est-elle comparable à celle des peintres qui meurent de la colique (1), des charpentiers, des couvreurs, dont la vie est sans cesse exposée, des ouvriers de fabrique plongés dans des miasmes délétères et de ces millions d'individus pour qui l'œuvre de chaque jour est un combat, combat sans gloire et qui pourtant fournit, chaque année, un large contingent de morts et de blessés!

La confection ne doit point ses succès à la réduction inces-

---

(1) Ils gagnent 4 francs par jour dans les bonnes maisons et ont des chômages.

sante des salaires. Le prix de la main-d'œuvre en confection ne représente guère que le cinquième du prix de l'objet fabriqué; supposons une réduction d'un dixième dans le salaire, réduction énorme puisqu'elle équivaut à trente journées de travail par an, l'année étant prise pour trois cents jours, nous n'obtenons qu'une réduction d'un cinquantième sur la valeur totale; soit 2 p. 100! Ce n'était donc point là que la confection française pouvait puiser ses forces d'extension.

Les améliorations considérables apportées dans cette branche d'industrie, le bon marché auquel elle peut livrer ses produits sont dus à l'abaissement du prix des matières premières, aux perfectionnements apportés dans la fabrication de tous les tissus, aux facilités de transport de ses produits, tant par terre que par mer, enfin à l'abondance des capitaux dont elle peut disposer.

J'insiste sur ce point l'*abondance des capitaux*, car c'est là le nerf de cette industrie qui ne peut sérieusement exister qu'en payant au comptant ses matières premières et en vendant aux mêmes conditions ses produits fabriqués.

Or, comme je l'ai dit au commencement de cette notice, la confection, il y a peu de temps encore, n'était pas classée dans le commerce proprement dit, et, partant, ne pouvait trouver des capitaux suffisants pour traiter largement sur tous les points de production.

Est-ce à dire encore que la confection, achetant et vendant au comptant, ne laisserait après elle que de misérables bénéfices? Il n'en est rien. Peu d'industries, au contraire, offrent une aussi large rémunération. Les bénéfices, ajoutés au prix de revient de tous mes articles, sont les suivants :

15 p. 100 brut, pour la vente à l'exportation;
20 p. 100 brut, pour la vente à l'intérieur.

Si j'ajoute ici que je dispose d'un fonds de roulement de 600,000 fr., qu'avec ce capital j'arrive à 1,800,000 fr. d'affaires, et qu'en regard de mes bénéfices, mes frais ne s'élèvent guère qu'à 12 ou 13 p. 100, il sera facile de voir que la confection, avec les immenses avantages qu'elle offre à la consommation, la rapidité de ses travaux, la variété de ses tissus et de ses coupes, avec une main-d'œuvre aussi élevée que celle d'autres industries, un personnel nombreux et de grands frais d'exploitation, n'a rien à envier à d'autres positions commerciales sur cette place.

J'ai dit plus haut que partout où la confection française s'était présentée en concurrence avec les produits de l'Angleterre et de la Belgique, nous avions supplanté nos rivales. Ces succès, les devons-nous à la supériorité absolue de nos vêtements ? Cela n'est pas probable. L'Angleterre et la Belgique sont nos aînées dans cette voie, elles produisent des tissus solides et à bon marché : les devancer était donc difficile.

Je l'ai essayé, et je dois dire que, dès l'année dernière, une commission de 100,000 fr. enlevée à l'Angleterre sur le marché de Buenos-Ayres m'a donné l'espoir de voir régner un jour, sans partage, notre fabrication nationale sur tous les points du globe.

Le système sur lequel j'ai fondé l'avenir de ma maison est celui-ci : *Donner aux vêtements confectionnés toute l'élégance possible dans la coupe ; n'employer que de beaux tissus et vendre à un bon marché extraordinaire, tout en maintenant la main-d'œuvre à un taux rémunérateur.*

Mon exposition de vêtements confectionnés au Palais de l'Industrie démontrera :

1° Que, pour l'élégance de la coupe, pour la perfection de la couture, pour le luxe des *fournitures*, je n'ai rien à envier aux premiers tailleurs de Paris. Afin que mes articles trouvent un plus rapide écoulement à l'étranger, j'ai fait étudier les formes générales des peuplades appelées à consommer et j'ai élargi l'échelle des tailles, de manière à répondre à tous les besoins ;

2° Que tous mes tissus, draps, étoffes, soieries, cotons, accessoires de toute espèce, remarquables par leur fraîcheur et leur solidité, me sont fournis par les premières fabriques de France, dans des proportions considérables, à des prix extrêmement réduits, de sorte que l'économie résultant d'opérations contractées sur une large échelle, est tout à l'avantage du consommateur;

3° Que mes prix de vente, tout en me laissant des bénéfices, sont, pour notre époque et dans les conditions actuelles de notre législation et de notre fabrication, la dernière expression du bon marché.

J'ai voulu que mon exposition au Palais de l'Industrie fût ce que l'on pourrait appeler : *la vérité la plus vraie.*

Les vêtements que j'ai exposés n'ont point été fabriqués en vue de l'Exposition universelle; chaque spécimen a été pris dans une commande destinée à l'étranger. Chacun de ces vêtements porte une carte indiquant non-seulement sa destination, mais encore le prix réel auquel il a été vendu.

Comme complément de mon exposition, je tiens chez moi, à la disposition du public, des masses considérables d'articles *absolument semblables et aux mêmes prix.*

Les progrès de la confection en France ont été tels, depuis quelques années, qu'une notable partie de nos manufactures travaille presque exclusivement pour elle. Roubaix, Reims, Amiens, Laval, Sedan, Elbeuf, Lyon, Bischwiller sont dans ce cas; Bischwiller surtout qui fabrique ces draps si doux et si légers appelés *draps zéphirs.*

Si la fabrique française a favorisé le développement des transactions de la confection, celle-ci, à son tour, a rendu de grands services à la fabrique.

La confection, en effet, est un débouché assuré pour certains articles de Sedan, Elbeuf, Louviers et d'autres villes du Midi, dont les draps lisses ne pourraient, sans elle, dépasser nos frontières.

Tous nos articles de nouveauté, quelles que soient les barrières qu'on leur oppose sur les marchés étrangers, trouvent des acheteurs; nos draps lisses, au contraire, sont presque délaissés pour des produits similaires étrangers qui s'offrent à meilleur marché.

Quoi que nous fassions, nous ne pouvons guère rivaliser avec les produits de l'Angleterre, de l'Allemagne et de la Belgique pour le bon marché. Mais, dès que nos draps ont été convertis en vêtements, les demandes arrivent de toutes parts, et la fabrique française suffit à peine alors à satisfaire aux commandes.

Cet état de choses s'explique aisément. Si les draps lisses français en pièces ont pour eux leur mérite de parfaite fabrication, ils ont contre eux l'élévation de leur prix; transformés en vêtements, ils ont un mérite de plus, celui de porter l'empreinte de la capitale, de ce foyer d'élégance qui rayonne sur le monde entier, et dès lors, même à prix supérieur, la confection française est partout préférée.

Il faut dire ici que l'Angleterre, la Belgique, l'Allemagne, malgré les avantages matériels qu'elles ont sur la confection française pour la matière première et la main-d'œuvre, sont restées bien arrière; elles se bornent, aujourd'hui encore, à faire de la *pacotille*, c'est-à-dire des vêtements de forme surannée, établis avec des tissus solides assurément, mais non rehaussés par ces mille riens que sait inventer la coquetterie du tailleur français.

On le voit, la confection, en développant le travail de nos manufactures, leur facilite encore l'entrée des marchés étrangers.

J'ajoute, en terminant cette notice, que la confection est surtout appelée à rendre d'immenses services à la classe ouvrière, en lui fournissant une grande somme de travail et des vêtements à bon marché. C'est particulièrement à ce double titre que j'appelle sur elle l'attention du Jury,

La confection est une industrie née d'hier, qui, marchant d'un pas rapide dans les voies du perfectionnement, mérite des encouragements. Elle est entre les mains d'hommes habiles, elle dispose de capitaux suffisants; il ne lui manque absolument que des bras pour faire face aux demandes incessantes de l'intérieur et de l'étranger.

---

# ANNEXES.

## Annexe A.

Annexe A.

# CONFECTION GÉNÉRALE.

**TABLEAU présentant les Valeurs des matières premières employées par la Confection générale, le prix de la main-d'œuvre et le bénéfice brut, pour l'ensemble des opérations de cette industrie à Paris**

| DÉSIGNATION DES MATIÈRES PREMIÈRES | VENTE | | | TOTAUX |
|---|---|---|---|---|
| | EN DÉTAIL | EN GROS pour l'intérieur | EN GROS pour l'extérieur. | |
| | fr. | fr. | fr. | fr. |
| Laine foulée, drap, etc. | 6.100.000 | 1.312.000 | 1.670.000 | 9.082.000 |
| Soie pour doublure | 880,000 | 106,000 | 225,000 | 1.211.000 |
| Soie pour gilets | 720,000 | 92,000 | 150,000 | 962,000 |
| Laine et coton pour gilets | 950,000 | 150,000 | 120,000 | 1.220.000 |
| Laine non foulée pour vêtement et doublure | 2,570,000 | 196,000 | 615,000 | 3,381,000 |
| Tissu de fil | 1,760,000 | 120,000 | 170,000 | 2.050.000 |
| Tissu de coton | 1.760.000 | 400,000 | 440,000 | 2,600,000 |
| Passementerie, bordure et boutons | 530,000 | 96,000 | 135,000 | 761,000 |
| | 15,300,000 | 1,030,000 | 3,725,000 | 21,955,000 |
| Main-d'œuvre | 3,500,000 | 1,000,000 | 1,200,000 | 7,600,000 |
| Bénéfice brut | 8,100,000 | 970,000 | 1,075,000 | 9,145,000 |
| TOTAUX GÉNÉRAUX | 27,000,000 | 3,000,000 | 6,000,000 | 38,000,000 |

## Annexe B.

Annexe B.

## CONFECTION EN DÉTAIL.

**TABLEAU présentant d'une manière synoptique la Valeur respective des matières premières employées par la Confection en détail, le montant de la main-d'œuvre et du bénéfice prélevé, avec la proportion pour cent de chaque article dans l'ensemble des Valeurs.**

| DÉSIGNATION DES TISSUS | 1re CATÉGORIE | | 2e CATÉGORIE | | 3e CATÉGORIE | | TOTAL | |
|---|---|---|---|---|---|---|---|---|
| | PROPORTION pour CENT | VALEURS | PROPORTION pour CENT | VALEURS | PROPORTION pour CENT | VALEURS | PROPORTION pour CENT | VALEURS |
| | | fr | | fr. | | fr | | fr. |
| Laine foulée, drap, etc. | 28 % | 2.240.000 | 25 % | 3.000.000 | 12 % | 840.000 | 23 % | 6,040.000 |
| Soie pour doublure | 5 | 400,000 | 4 | 480.000 | » | » | 3 | 880,000 |
| Soie pour gilets | 3 | 240,000 | 4 | 480.000 | » | | 3 | 720.000 |
| Laine et coton pour gilets | » | » | » | » | 14 | 960.000 | 3 | 960.000 |
| Laine non foulée pour vêtement et doublure | 8 | 640,000 | 10 | 1.200,000 | 9 | 630,000 | 9 | 2.470,000 |
| Tissu de fil | 4 | 320,000 | 5 | 600.000 | 12 | 840.000 | 7 | 1,760.000 |
| Tissu de coton | 4 | 320.000 | 5 | 600,000 | 12 | 840.000 | 7 | 1.760.000 |
| Passementerie, bordure et boutons | 3 | 240,000 | 2 | 240.000 | 1 | 70,000 | 2 | 550,000 |
| | 55 % | 4.400,000 | 55 % | 6,600.000 | 60 % | 4,200,000 | 57 % | 15,200,000 |
| Main-d'œuvre | 20 | 1,600,000 | 20 | 2,400,000 | 20 | 1,400,000 | 20 | 5,400,000 |
| Bénéfice brut | 25 | 2,000,000 | 25 | 3,000,000 | 20 | 1.400,000 | 23 | 6,400,000 |
| TOTAUX GÉNÉRAUX | 100 % | 8,000,000 | 100 % | 12,000,000 | 100 % | 7,000,000 | 100 % | 27.000,000 |

ANNEXE C.

**Annexe C.**

# CONFECTION EN GROS POUR L'INTÉRIEUR.

**TABLEAU présentant d'une manière synoptique la Valeur respective des matières premières employées par la Confection en gros pour l'intérieur, le montant de la main-d'œuvre et du bénéfice prélevé, avec la proportion pour cent de chaque article dans l'ensemble des valeurs.**

| DÉSIGNATION DES TISSUS | 1re CATÉGORIE | | 2e CATÉGORIE | | 3e CATÉGORIE | | TOTAL | |
|---|---|---|---|---|---|---|---|---|
| | PROPORTION p. 0/0. | VALEURS | PROPORTION p. 0/0. | VALEURS | PROPORTION p. 0/0. | VALEURS | PROPORTION p. 0/0. | VALEURS |
| | | fr. | | fr. | | fr. | | fr. |
| Laine foulée, drap, etc. | 32 % | 192,000 | 30 % | 1.020,000 | 12 % | 120,000 | 27 % | 1.332,000 |
| Soie pour doublure | 5 | 30,000 | 4 | 136,000 | » | » | 3 | 166,000 |
| Soie pour gilets | 5 | 15,000 | 2 | 64,000 | » | » | 2 | 92,000 |
| Laine et coton pour gilets | » | » | » | » | 12 | 120,000 | 2 | 120,000 |
| Laine non foulée pour vêtement et doublure | 11 | 66,000 | 10 | 350,000 | 9 | 90,000 | 10 | 506,000 |
| Tissu de fil | 5 | 30,000 | 5 | 170,000 | 12 | 120,000 | 6 | 320,000 |
| Tissu de coton | 5 | 30,000 | 7 | 234,000 | 15 | 110,000 | 8 | 404,000 |
| Passementerie, bordure et boutons | 3 | 18,000 | 2 | 68,000 | 1 | 10,000 | 2 | 96,000 |
| | 65 % | 390,000 | 60 % | 2.040,000 | 60 % | 600,000 | 60 % | 3.030,000 |
| Main-d'œuvre | 20 | 120,000 | 20 | 680,000 | 20 | 200,000 | 20 | 1,000,000 |
| Bénéfice brut | 15 | 90,000 | 20 | 680,000 | 20 | 200,000 | 20 | 970,000 |
| TOTAUX GÉNÉRAUX | 100 % | 600,000 | 100 % | 3.400,000 | 100 % | 1,000,000 | 100 % | 5,000,000 |

## Annexe D.

**Annexe D.**

## CONFECTION EN GROS POUR L'EXTÉRIEUR.

**TABLEAU présentant d'une manière synoptique la Valeur respective des matières premières employées par la Confection en gros pour l'extérieur, le montant de la main-d'œuvre et du bénéfice prélevé, avec la proportion pour cent de chaque article dans l'ensemble des valeurs.**

| DÉSIGNATION DES TISSUS | 1re CATÉGORIE | | 2e CATÉGORIE | | 3e CATÉGORIE | | TOTAL | |
|---|---|---|---|---|---|---|---|---|
| | PROPORTION p. 00. | VALEURS. | PROPORTION p. 00. | VALEURS. | PROPORTION p. 00. | VALEURS. | PROPORTION p. 00. | VALEURS. |
| Laine foulée, drap, etc. | 32 % | fr. 800.000 | 30 % | fr. 750.000 | 12 % | fr. 120.000 | 28 % | fr. 1.670.000 |
| Soie pour doublure | 5 | 125.000 | 4 | 100.000 | » | » | 4 | 225.000 |
| Soie pour gilets | 4 | 100.000 | 2 | 50.000 | » | » | 3 | 150.000 |
| Laine et coton pour gilets | » | » | » | » | 12 | 120.000 | 2 | 120.000 |
| Laine non foulée pour vêtement et doublure | 11 | 275.000 | 10 | 250.000 | 9 | 90.000 | 10 | 615.000 |
| Tissu de fil | 5 | 125.000 | 5 | 125.000 | 12 | 120.000 | 6 | 370.000 |
| Tissu de coton | 5 | 125.000 | 7 | 175.000 | 14 | 140.000 | 7 | 150.000 |
| Passementerie, bordure et boutons | 3 | 75.000 | 2 | 50.000 | 1 | 10.000 | 2 | 145.000 |
| | 65 % | 1.625.000 | 60 % | 1.500.000 | 60 % | 600.000 | 62 % | 3.725.000 |
| Main-d'œuvre | 20 | 500.000 | 20 | 500.000 | 20 | 200.000 | 20 | 1.200.000 |
| Bénéfice brut | 15 | 375.000 | 20 | 500.000 | 20 | 200.000 | 18 | 1.075.000 |
| TOTAUX GÉNÉRAUX | 100 % | 2.500.000 | 100 % | 2.500.000 | 100 % | 1.000.000 | 100 % | 6.000.000 |

## Annexe E.

## CONFECTION POUR L'EXPORTATION.

**TABLEAU récapitulatif présentant, avec le nombre, le prix moyen et la valeur des Vêtements confectionnés exportés, par catégorie, l'ensemble de l'exportation générale.**

| DÉSIGNATION DES PIÈCES. | 1re CATÉGORIE. | | | 2e CATÉGORIE. | | | 3e CATÉGORIE. | | | RÉCAPITULATION DES TROIS CATÉGORIES | | |
|---|---|---|---|---|---|---|---|---|---|---|---|---|
| | NOMBRE. | PRIX moyen. | TOTAL. | NOMBRE. | PRIX moyen. | TOTAL. | NOMBRE. | PRIX moyen. | TOTAL. | NOMBRE. | PRIX moyen. | TOTAL. |
| | | fr. | fr. | | fr. | fr. | | fr. | fr. | | fr. | fr. |
| Habits drap | 700 | 55 | 38.500 | 400 | 40 | 16.000 | » | » | » | 1.100 | 50 | 54.500 |
| Redingotes drap | 3.200 | 55 | 176.000 | 3.000 | 40 | 120.000 | 300 | 25 | 7.500 | 6.500 | 47 | 303.500 |
| Paletots draps d'hiver et d'été | 20.000 | 45 | 900.000 | 30.000 | 30 | 900.000 | 15.000 | 17 | 255.000 | 65.000 | 32 | 2.055.000 |
| Paletots étoffe laine non foulée et coutil | 13.000 | 20 | 260.000 | 30.000 | 12 | 360.000 | 48.000 | 7 | 336.000 | 92.000 | 10 | 962.000 |
| Talmas drap | 100 | 60 | 6.000 | 100 | 45 | 4.500 | » | » | » | 200 | 52 | 10.500 |
| Pelisses et pardessus divers | 3.500 | 75 | 262.500 | 4.000 | 50 | 200.000 | » | » | » | 7.500 | 62 | 462.500 |
| Robes de chambre | 800 | 35 | 28.000 | 500 | 25 | 12.500 | » | » | » | 1.300 | 31 | 40.500 |
| Amazones drap | 100 | 125 | 12.500 | » | » | » | » | » | » | 100 | 125 | 12.500 |
| Pantalons drap nouveauté et satin noir | 20.000 | 20 | 400.000 | 35.000 | 15 | 525.000 | 5.000 | 10 | 50.000 | 60.000 | 16 | 975.000 |
| Pantalons laine non foulée et coutil | 5.000 | 8 | 40.000 | 15.500 | 8 | 124.000 | 40.000 | 4 | 160.000 | 60.500 | 5 | 324.000 |
| Gilets diverses étoffes | 14.500 | 10 | 145.000 | 15.500 | 8 | 124.000 | 8.000 | 4 | 32.000 | 38.000 | 8 | 301.000 |
| Manteaux et crispins | 100 | 80 | 8.000 | 100 | 60 | 6.000 | » | » | » | 200 | 70 | 14.000 |
| Cabans unis et chamarrés | 200 | 75 | 15.000 | 1.500 | 35 | 52.500 | 2.000 | 20 | 40.000 | 3.700 | 29 | 107.500 |
| Vestes et vareuses | 1.800 | 35 | 63.000 | 1.000 | 30 | 30.000 | 15.000 | 8 | 120.000 | 17.800 | 12 | 213.000 |
| Costumes d'enfants | 7.000 | 20 | 140.000 | 2.000 | 12 | 24.000 | » | » | » | 9.000 | 18 | 164.000 |
| TOTAUX | 91.000 | | 2.500.500 | 138.600 | | 2.498.500 | 133.300 | | 1.000.500 | 362.900 | (prix moyen) 17f | 5.999.500 |
| Pour somme ronde | | | | | | | | | | | | 500 |
| | | | | | | | | | | | | 6.000.000 |

# ANNEXE F.

## POIDS ET VALEUR DES VÊTEMENTS CONFECTIONNÉS POUR L'EXPORTATION



**ÉTAT présentant, par espèce de vêtement, le nombre de kilogrammes et la valeur moyenne au kilogramme des Vêtements confectionnés exportés.**

| DÉSIGNATION DES VÊTEMENTS | POIDS PAR ESPÈCE DE VÊTEMENT. | | | | VALEUR MOYENNE du kilogramme | VALEURS TOTALES |
|---|---|---|---|---|---|---|
| | 1re CATÉGORIE. | 2e CATÉGORIE. | 3e CATÉGORIE. | TOTAL | | |
| | kil. | kil. | kil. | id. | fr. | fr. |
| Habits drap | 525 | 300 | » | 825 | 66 | 54.500 |
| Redingotes drap | 2.880 | 2.700 | 270 | 5.850 | 52 | 303,500 |
| Paletots drap d'hiver et d'été | 21.200 | 35.000 | 15.600 | 71.800 | 29 | 2.055.000 |
| Paletots étoffe laine non foulée et coutil | 9.100 | 16.300 | 23.040 | 48.640 | 20 | 962.000 |
| Talmas drap | 110 | 100 | » | 210 | 50 | 10.500 |
| Pelisses et Pardessus divers | 6.300 | 6.800 | » | 13.100 | 35 | 462.500 |
| Robes de chambre | 1.360 | 850 | » | 2.210 | 18 | 40,500 |
| Amazones drap | 155 | » | » | 155 | 81 | 12.500 |
| Pantalons drap nouveauté et satin noir | 10.200 | 16.800 | 2.250 | 29.250 | 33 | 975.000 |
| Pantalons laine non foulée et coutil | 1,900 | 5.540 | 14.400 | 21.840 | 15 | 325.000 |
| Gilets diverses étoffes | 3.425 | 3.875 | 2.000 | 9.300 | 32 | 301.000 |
| Manteaux et Crispins | 150 | 110 | » | 260 | 58 | 15.000 |
| Cabans unis et chamarrés | 420 | 3.000 | 4.000 | 7.420 | 15 | 107.500 |
| Vestes et Vareuses | 2.215 | 1.230 | 12.000 | 15.445 | 14 | 213.000 |
| Costumes d'enfants | 2.450 | 700 | » | 3.150 | 52 | 164.000 |
| | 64.500 | 91.575 | 73.560 | | MOYENNE générale. | |
| TOTAUX | 229,725 kil. | | | 229.725 | 26 fr. le kil | 5.999.500 |
| Pour arrondir la somme | | | | | | 500 |
| | | | | | | 6.000.000 |

## Annexe G.

**Annexe G.**

## DÉFALCATIONS A FAIRE SUR LES VÊTEMENTS CONFECTIONNÉS POUR L'EXPORTATION.

**TABLEAU présentant, par espèce de vêtement, les Défalcations à faire en douane, au titre de Doublures et Fournitures, pour obtenir le poids net des Tissus donnant droit à une prime de sortie.**

| DÉSIGNATION DES VÊTEMENTS. | NOMBRE des VÊTEMENTS. | POIDS TOTAL de CHAQUE ESPÈCE de vêtement. | DÉFALCATION pour 100 KILOG. | TOTAL de LA DÉFALCATION pour chaque espèce de vêtement. | POIDS NET donnant DROIT A LA PRIME. |
|---|---|---|---|---|---|
| | pièces. | kil. | kil. | kil. | kil. |
| Habits en drap | 1,100 | 825 | 35 | 385 | 440 |
| Redingotes en drap | 6,500 | 5,850 | 40 | 2,600 | 3,250 |
| Paletots d'hiver et d'été en drap | 65,000 | 71,800 | 35 à 50 | 27,600 | 44,200 |
| Paletots en étoffe de laine non foulée et en coutil | 92,000 | 48,640 | 10 à 15 | 11,500 | 37,140 |
| Talmas en drap | 200 | 210 | 50 | 100 | 110 |
| Pelisses et Pardessus en étoffes diverses | 7,300 | 13,100 | 60 | 4,500 | 8,600 |
| Robes de chambre en étoffes diverses | 1,300 | 2,210 | 90 | 1,170 | 1,040 |
| Amazones en drap | 150 | 155 | 20 | 20 | 135 |
| Pantalons en drap et satin noir | 60,000 | 29,250 | 12 | 7,200 | 22,050 |
| Pantalons en laine non foulée et coutil | 60,500 | 21,880 | 12 | 7,260 | 14,620 |
| Gilets en étoffes diverses | 38,000 | 9,500 | 12 | 4,560 | 4,940 |
| Manteaux et Crispins en drap | 200 | 290 | 40 | 80 | 210 |
| Cabans unis et chamarrés | 3,700 | 7,420 | 70 | 2,590 | 4,830 |
| Vestes et Vareuses | 17,800 | 15,445 | 15 à 40 | 4,900 | 10,545 |
| Costumes d'enfants | 9,000 | 3,150 | 10 | 900 | 2,250 |
| TOTAUX | 362,900 | 229,725 | | 75,365 | 154,360 |

## ANNEXE H.

**Annexe II.**

## DROITS D'IMPORTA

**TABLEAU présentant, par puissance ou localité, les Droits expédiés**

| NOMS des CONTRÉES OU LOCALITÉS | SPÉCIFICATION des ARTICLES. | DROITS D'IMPORTATION à LA PIÈCE. | AU POIDS (100 kil.). | à LA VALEUR | OBSERVATIONS |
|---|---|---|---|---|---|
| **Europe.** | | | | | |
| Angleterre........ | Soie........... | » | » | 15 % | |
| | Laine.......... | » | » | 5 % | |
| | Fil et coton.... | » | » | 5 % | |
| Autriche.......... | Vêtemts extrafins. | » | 1,305f » | » | |
| | Id. fins..... | » | 783 » | » | |
| | Id. communs | » | 391 » | » | |
| Espagne (Gibraltar) | Tous les articles. | » | » | 5 % | |
| Grèce............ | » | » | » | » | |
| Russie .......... | Tous les articles. | » | » | 35 % | Pour les provinces transcaucasiennes. |
| | | | | 50 % | Pour les autres provinces. |
| Suisse........... | Tous les articles. | » | 30 » | » | |
| Turquie.......... | Tous les articles. | » | » | 5 % | Avec facilité de payer en marchandises |
| **Asie.** | | | | | |
| Bombay.......... | Tous les articles. | » | » | 10 % | |
| Madras.......... | Id. | » | » | 10 % | |
| **Afrique.** | | | | | |
| Algérie.......... | Tous les articles. | » | » | » | Néant. |
| Égypte.......... | » | » | » | » | Sans désignation. |
| Iles de Madagascar.. | Tous les articles. | » | » | » | |
| Iles de Maurice..... | Id. | » | » | 10 % | |
| Iles de Réunion..... | Id. | » | » | » | Néant. |



**Annexe II.**

## TION A L'ÉTRANGER.

**prélevés à l'importation sur les Vêtements confectionnés de France.**

| NOMS des CONTRÉES OU LOCALITÉS | SPÉCIFICATION des ARTICLES. | DROITS D'IMPORTATION à LA PIÈCE. | AU POIDS (100 kil.). | à LA VALEUR | OBSERVATIONS. |
|---|---|---|---|---|---|
| **Amérique.** | | | | | |
| Brésil........... | Tous les articles. | » | » | 15 % | |
| Chili............ | Habits de drap fin. | 29f » | » | » | |
| | Pantalons...... | 5 95 | » | » | |
| | Gilets......... | 2 65 | » | » | |
| | | 1 15 | » | » | |
| | Paletots....... | 10 50 | » | » | |
| Costa-Rica....... | Tous les articles. | » | » | 30 % | Débarqués par l'Océan Pacifique. |
| | | | | 50 % | Débarqués par l'Océan Atlantique. |
| Équateur......... | » | » | » | » | Sans désignation. |
| États-Unis........ | Tous les articles. | » | » | 30 % | |
| Grenade (Nouvelle) | Coton.......... | » | 110f 65 | » | |
| | Fil............ | » | 84 50 à 98 | » | |
| | Drap........... | » | 345 » | » | |
| | Flanelle....... | » | 197 60 | » | |
| | Soie........... | » | 139 30 | » | |
| Mexique.......... | Tous les articles. | » | » | 60 % | |
| Pérou............ | Id. | » | » | 30 % | |
| Plata (contrées riveraines)...... | Id. | » | » | 20 % | |
| Haïti........ | Vêtements fins.. | 21 60 | » | » | |
| | Id. pour enfant. | 10 80 | » | » | |
| | Id. non cousus. | 13 50 | » | » | |
| Iles de Havane...... | Tous les articles. | » | » | 30 % | |
| Iles de Martinique... | Id | » | » | » | Néant. |
| Iles de Puerto-Rico.. | Id. | » | » | 30 % | |
| Iles de Saint-Thomas | Id. | » | » | 1 1/2 % | |
| Iles de Trinidad.... | Id. | » | » | 5 % | |
| **Océanie.** | | | | | |
| Australie........ | Tous les articles. | » | » | 5 % | |

## Annexe I.

# VALEUR PAR CATÉGORIE.

**ÉTAT présentant, pour chacune des trois Catégories, la Valeur des Vêtements confectionnés exportés à destination de chaque puissance ou localité.**

| NOMS DES PUISSANCES OU LOCALITÉS | | TOTAL de la 1re Catégorie. | TOTAL de la 2e Catégorie. | TOTAL de la 3e Catégorie. | TOTAUX par puissance ou localité. | TOTAUX par partie du monde |
|---|---|---|---|---|---|---|
| Europe. | Angleterre | 15.000f | 5.000f | » | 20.000f | |
| | Autriche | 20.000 | 20.000 | » | 40.000 | |
| | Espagne | 15.000 | 10.000 | » | 25.000 | |
| | Grèce | 30.000 | 30.000 | 30.000f | 90.000 | 495.000f |
| | Russie | 10.000 | 10.000 | 10.000 | 30.000 | |
| | Suisse | 45.000 | 140.000 | 65.000 | 250.000 | |
| | Turquie | 15.000 | 10.000 | 15.000 | 40.000 | |
| Asie. | Bombay | 5.000 | 5.000 | » | 10.000 | 14.000 |
| | Madras | 4.000 | » | » | 4.000 | |
| Afrique. | Afrique | 40.000 | 50.000 | 50.000 | 140.000 | |
| | Égypte | 60.000 | 20.000 | 20.000 | 100.000 | |
| | Iles de Madagascar | 5.000 | » | » | 3.000 | 375.000 |
| | Iles de Maurice | 10.000 | 20.000 | 40.000 | 70.000 | |
| | Iles de Réunion | 10.000 | 20.000 | 30.000 | 60.000 | |
| Amérique | Brésil | 900.000 | 800.000 | 300.000 | 2.000.000 | |
| | Chili | 90.000 | 80.000 | 30.000 | 200.000 | |
| | Costa-Rica | 15.000 | 10.000 | 10.000 | 35.000 | |
| | Equateur | 6.000 | 10.000 | » | 16.000 | |
| | États-Unis | 70.000 | 100.000 | 90.000 | 260.000 | |
| | Nouvelle-Grenade | 40.000 | 20.000 | 30.000 | 90.000 | |
| | Mexique | 5.000 | 5.000 | » | 10.000 | |
| | Pérou | 80.000 | 90.000 | 30.000 | 200.000 | 5.076.000 |
| | Plata | 900.000 | 900.000 | 100.000 | 1.905.000 | |
| | Iles de Haïti | 10.000 | 10.000 | 20.000 | 40.000 | |
| | Iles de Havane | 30.000 | 20.000 | » | 50.000 | |
| | Iles de Martinique | 10.000 | 45.000 | 50.000 | 105.000 | |
| | Iles de Puerto-Rico | 20.000 | 10.000 | » | 30.000 | |
| | Iles de St-Thomas | 20.000 | 40.000 | 50.000 | 110.000 | |
| | Iles de Trinidad | 10.000 | 10.000 | 10.000 | 30.000 | |
| Océanie. | Australie | 10.000 | 10.000 | 20.000 | 40.000 | 40.000 |
| TOTAUX | | 2.500.000 | 2.500.000 | 1.000.000 | 6.000.000 | 6.000.000 |

# Annexe J.

## PRIX DES FAÇONS EN FRANCE.

**TABLEAU du Prix des Façons pour les Vêtements confectionnés en France.**

| DÉSIGNATION DES VÊTEMENTS CONFECTIONNÉS | 1re CLASSE. | 2e CLASSE. | 3e CLASSE. |
|---|---|---|---|
| Habits | 11f » à 18f » | 6f » à 10f » | |
| Redingotes | 8 » 18 » | 6 » 10 » | 5f » à 6f » |
| Paletots d'hiver | 8 » 16 » | 4 » 10 » | 2 50 4 » |
| Paletots d'été | 5 » 10 » | 4 » 6 » | 2 50 4 » |
| Paletots laine non foulée et coutil | 2 » 5 » | 1 25 3 » | » 75 2 » |
| Talmas de drap | 4 » 5 » | 3 » 4 » | » |
| Pelisses et Pardessus d'hiver | 6 » 12 » | 3 » 8 » | 2 » 4 » |
| Robes de chambre | 7 » 20 » | 5 » 7 » | » |
| Amazones | 20 » 30 » | » | |
| Pantalons drap | 1 75 4 » | 1 25 1 75 | » 60 1 25 |
| Pantalons laine non foulée et coutil | 1 25 2 » | » 75 1 25 | » 40 » 75 |
| Gilets divers | 2 » 4 » | 1 25 2 » | » 40 1 » |
| Manteaux et Crispins | 5 » 8 » | 3 » 5 » | » |
| Cabans unis | 5 » 8 » | 3 » 5 » | 1 50 3 » |
| Cabans chamarrés | 15 » 20 » | 10 » 12 » | » |
| Vestes | 5 » 8 » | 3 » 6 » | 1 50 2 50 |
| Vareuses | » | 2 » 2 50 | » 75 1 25 |
| Costumes d'enfants | (1) » | » | » |

(1) Pour les vêtements d'enfants de 7 à 15 ans, il y a lieu de déduire un tiers des façons payées pour vêtements d'hommes.

Blouses d'enfants, 1 fr. à 3 fr.

Costumes de fantaisie, 4 fr. à 20 fr.

# TABLE DES MATIÈRES.

www.ingramcontent.com/pod-product-compliance
Lightning Source LLC
LaVergne TN
LVHW020425230826
846091LV00004B/1413

*9782013600774*